기하와 현실

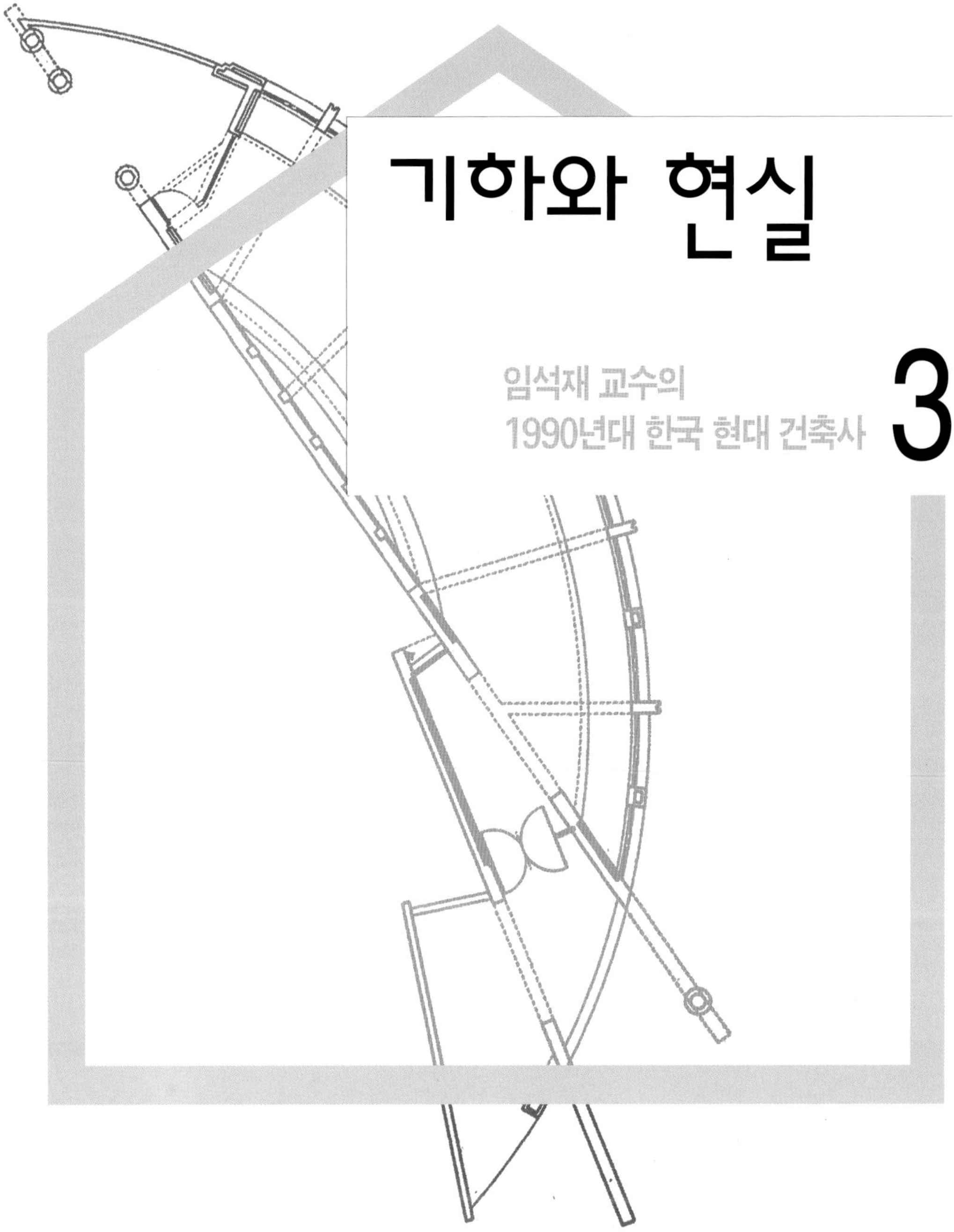

기하와 현실

임석재 교수의
1990년대 한국 현대 건축사 3

북하우스

책머리에

이 책은 1990년대 한국 현대건축사 시리즈의 2, 3권에 해당된다. 2000년 가을에 『한국적 추상 논의』라는 제목으로 그 1권이 출판된 후 1년여 만에 2, 3권이 나오게 되었다. 이번 주제는 '기하'이다.

기하는 건축에서 가장 많이 쓰이는 매개이다. '기하주의' 쯤으로 불릴 수 있는 건축에서의 기하 사용경향은 또한 가장 오래된 건축경향이기도 하다. 건축은 기하에서 시작해서 기하로 끝난다. 기하는 많은 건축가들이 자신들의 초창기 경력을 시작하는 작품경향으로 삼는 매개이다. 기하는 또한 많은 건축가들이 긴 건축여정을 끝낸 말년에 편안하게 안착할 수 있는 매개이기도 하다. 기하는 이처럼 포괄적이며 편견이 없는 매개이다.

기하의 이런 특징은 근원성에서 기인한다. 기하는 자연해석으로부터 파생하였다. 자연을 인간매개로 단순화시켜 가다보면 가장 마지막에 남는 것이 기하이다. 이것은 기하가 만물현상의 기본 구성요소임을 의미한다. 건축도 예외는 아니다. 건축 역시 그러한 만물현상의 한 형태라고 보았을 때 기하의 근원성으로부터 자유로울 수 없다.

기하는 건축을 구성하는 가장 기본적 매개 가운데 하나이다. 대부분의 건물들은 기하단위로 환원될 수 있다. 이것은 그러한 건물들의 건축적 의미가 기하의 관점에서 해석될 수 있음을 의미한다. 기하는 건축을 창작하고 해석하는 데 매우 유용한, 혹은 빠질 수 없는 매개이다.

물론 기하는 건축이 아니다. 그러나 모든 건축은 기하이다. 이것은 역설이거나 자기모순이 아니다. 엄연한 건축의 현실이다. 건축은 기하가 아니면서도 기하일 수밖에 없기 때문에 건축가들은 기하를 사용함에 있어서 주의를 요한다. 기하와 건축 사이에 존재하는 불가결한 간극을 어떻게 건축적으로 해석하고 처리해내느냐에 따라 그 건축가의 경향이 결정될 수 있다.

기하와 건축 사이의 간극이 극복될 경우 기하는 현실까지도 포괄할 수 있다. 기하주의의 한계를 적절히 지켜내는 범위 내에서 기하는 각색 정도에 따라 의외로 많은 현실 얘기를 담아낼 수 있다. 기하의 윤곽을 지키면서도 사선과 비정형, 복잡계와 복합상황까지도 담아낼 수 있는 것이다. 그렇기 때문에 본격적인 반조형 경향을 부담스럽게 받아들이는 사회단위에서 기하주의는 매우 폭넓게 나타날 수 있다. 한국의 건축 디자인계가 그런 경우로 볼 수 있다.

1990년대 한국 건축에서 기하사용은 두드러진다. 이는 앞에서 설명한 이유 때문이기도 하지만 더 근본적인 이유로 추상경향의 융성을 들 수 있다. 한국 현대건축에서 추상경향이 득세한 상황에 대해서는 『한국적 추상 논의』에서 밝힌 바 있다. 추상을 표현하는 데 가장 적합한 매개 역시 기하이다. 추상과 기하는 짝개념으로 공존한다. 1990년대 한국 건축이 그 좋은 경우이다.

이번 책은 두 권으로 구성된다. 2권은 기하의 원형형태가 비교적 많이 남아 있는 건물들을 대상으로 '기하와 건축'이라는 주제로 정리하였다. 이것은 기하에 대한 원리주의적 입장으로부터 건축을 정의하려는 경향으로 정의될 수 있다. 3권은 기하를 기교적으로 활용하려는 건축가들을 대상으로 '기하와 현실'이라는 주제로 정리하였다. 이것은 기하의 포괄성을 바탕으로 현실세계의 복합성을 담아내려는 경향으로 정의될 수 있다.

최근 한국 현대건축에 대한 우리의 관심이 높아지고 있다. 이런 현상은 몇 갈래로 생각해볼 수 있다. 우선 개화기 이후의 한국 현대건축 전반에 관한 연구가 활성화되고 있다. 이를 바탕으로 중요한 근대건축물을 법적으로 보존할 수 있는 장치도 마련되었다. 또한 한국 현대건축가들에 대한 연구와 관심도 높아지고 있으며 일부 건축가들은 외국 유명 건축가들과 유사한 정도로 젊은 건축학도들에게 작품적 영향력을 발휘하기 시작하고 있다.

모두 반가운 일이다. 이런 배경에서 볼 때 한국 현대건축에 대한 최근사와 미세사의 연구 또한 중요한 일이 아닐 수 없다. 필자가 시작한 1990년대 한국 현대건축사 시리즈 및 이번에 출판하게 된 기하편 두 권은 그런 의미에서 중요성을 갖는다 하겠다. 필자의 이런 작업에 관심과 충고를 보내주신 독자 여러분들께 감사한다.

외롭고 힘든 때 도움과 격려를 준 지인들께도 감사드린다. 이 책을 내 마음속에 영원히, 그리고 또렷이 남아 있을 사랑하는 가족들에게 바친다.

2002. 1.

임석재

차 례

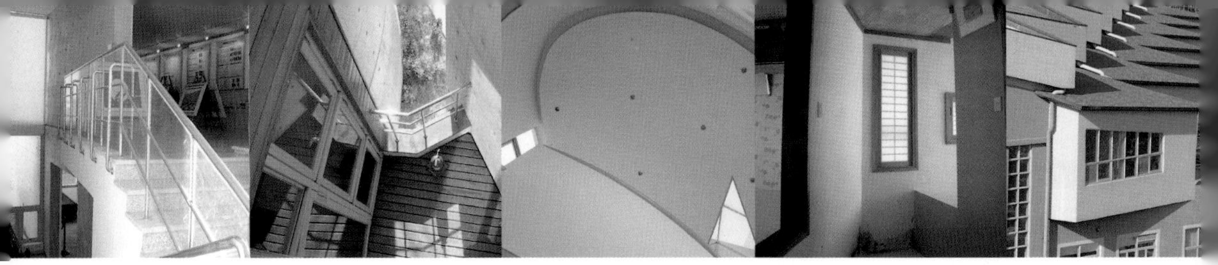

제2부 기하와 현실

제3부 기하와 상징

제4부 기하와 장식

차례

1

기하에서 건축으로

1.
조건영 대 조건영 : 표현성과 기하 현실주의
기하와 조형환경 현대사회와 기하 이미지 | 우성 사옥 대비와 어울림 | 서울 국악 예술 고등학교 두 개의 현실과 초월적 삼각형

2.
벽-넷 대 벽-둘 : 실체와 가정
원형과 파생(1) 기하 원리주의와 기하 파생주의 | 벽-넷 기하, 면, 벽 | 벽-둘 기하적 기하와 건축적 기하

3.
곽재환 대 김태집+김자호 : 겹기하와 틈새
원형과 파생(2) 분할과 중복 | 대건 빌딩 원은 사각형을 감싸고 | 동국대 상록원 삼각형은 원을 자르고

4.
김태집+김자호 대 유건 : 기하와 맥락
동국대 정보문화관 재료와 기하 맥락주의 | 시상 빌딩 기하, 역설, 패러디

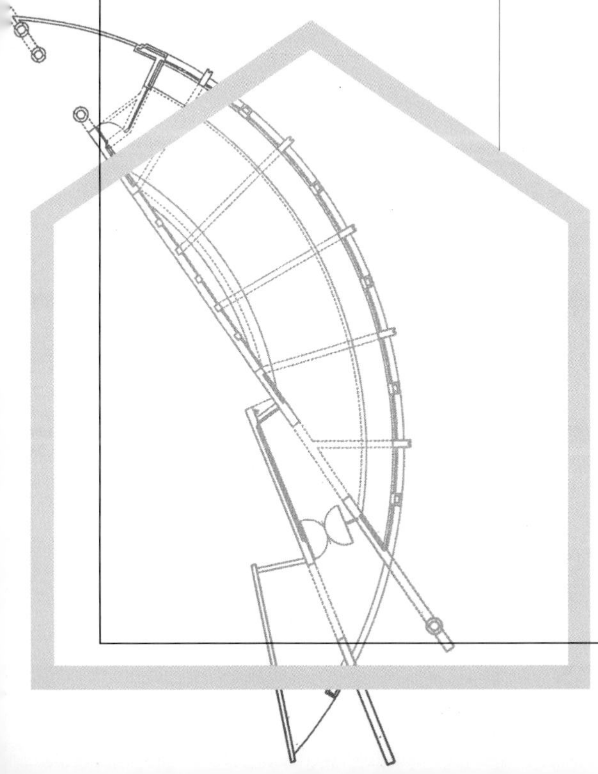

조건영 대 조건영

1

표현성과 기하 현실주의

기하와 조형환경 : 현대사회와 기하 이미지

기하는 건축이 아니다. 기하만으로는 건물이 되지 않는다. 그러나 기하는 건물이 될 수 있다. 다듬기 나름이라는 의미이다. 더하여 기하가 건물로 발전할 수 있는 조건에는 여러 가지가 있을 수 있다는 의미이기도 하다. 기하형태의 특성을 잘 지키면서 상식적인 차원에서의 프로그램 기능을 잘 만족시킨다면 가장 대표적인 경우가 될 것이다. 그러나 이것만 있는 것은 아니다. 기하를 이용하여 건축이 갖는 대외적 상징성을 적절하게 표현할 경우 상식에 다소 어긋나더라도 기하가 건물로 발전한 좋은 예로 볼 수 있다. 통상적인 의미에서의 건물과는 다소 거리가 있고 기하의 특징이 충분히 중화되지 못한 채 지나치게 강조되어 있더라도 이같은 상징성을 만족시킨다면 하나의 건물로 볼 수 있다. 왜냐하면 그러한 상징성 역시 건물에 요구되는 기능 가운데 하나이기 때문이다. 특히 이미지가 본질을 대체하며 또 하나의 독립적 존재로 작동하는 현대사회에서는 더욱 그러하다.

수많은 건물이 혼재하는 주변환경 속에서 건축주는 자신의 건물이 눈에 뜨이기를 기대한다. 이것은 건축가도 마찬가지이다. 어떤 면에서는 건축가가 더 그렇게 되길 바랄지도 모른다. 그러나 내용에 있어서는 차이가 있다. 건축가는 자신의 작품이 눈에 뜨이는 방식에 더 관심이 많을 것이다. 눈에 뜨이는 정도에 더 관심이 많을 건축주와 다른 점이다. 이 때문에 마찰이 빚어지기도 한다. 기하는 이런 경우에 유용한 건축어휘가 될 수 있다. 기하는 만국 공통어이며 남녀노소 모두 좋아하는 조형요소일 수 있기 때문이다. 기하는 건축주나 길거리를 오가는 일반인들에게 부담 없이 받아들여질 수 있다. 건축가 쪽에서는 기하를 이용하여 비교적 심각한 내용을 적은 부담감으로 표현할 수 있다. 기하는 적절히 조작될 경우 이같은 상반된 조건을 만족시키는 접점상태로 존재할 수 있다.

그림 1
조건영, 우성 사옥, 서울, 1991

현대사회의 현실세계는 점점 다양해지고 있다. 사회의 각 분야는 세분화되면서 전문화되고 있다. 이에 따라 건축에 요구되는 건물기능 유형도 다양해짐과 동시에 그만큼 집중력이 요구된다. 여기에서 집중력이라 함은 여러 가지를 의미한다. 무엇보다도 건물의 고유한 기능에 맞는 건축적 이미지가 있다. 교회에는 교회임을 알 수 있게 해주며 종교심을 우러나게 해주는 고유한 건축적 이미지, 즉 교회다운 그 무엇이 있다. 그러나 이것만 가지고는 너무 막연하다. 현대사회는 이런 이미지가 강한 정체성으로 표현될 것을 요구한다. 교회에 요구되는 보편적 공통 이미지에 더하여 내 교회만이 갖는 특징적 개성이 요구된다는 의미이다. 건물에 요구되는 정체성은 두 가지 조건으로부터 결정된다.

한 가지는 상업적 의미에서의 상표 개념이다. 현대사회는 분명히 분야와 상황에 상관없이 상업적 사고방식에 의하여 강한 지배를 받는다. 이것은 후기 소비 산업사회의 전형적 특징이다. 슈퍼마켓의 선반에 진열된 많은 물건들 사이에서 자신의 존재를 알려야 살아남을 수 있다는 상표경쟁 개념이 건물에도 상당 부분 적용되고 있다. 건축주와 건축가는 모두 각자의 입장에서 건물이 자신들의 얼굴과 같다고 생각하며 나아가 자신들의 분신적 존재라고까지 여긴다. 기업 사옥이나 상업시설 같은 경우는 이런 문제가 건물의 사활이 걸린 현실적 절대성을 갖기도 한다. 이런 문제는 현대사회라면 거의 모든 종류의 건물들에 해당된다.

그림 2
조건영, 서울 국악 예술고등학교, 서울, 1994

다른 한 가지는 가로환경이라는 물리적 주변조건이다. 가로는 일단 상표 개념과 밀접한 관련을 갖는다. 내 작품은 가로라는 진열대에 늘어선 많은 건물들 사이에서 자신의 존재를 알리고 싶어한다. 여기에 더하여 현대도시의 가로는 건물인식에 중요한 변화를 가져왔다. 차근차근한 해석보다는 첫인상처럼 한눈에 들어오는 이미지가 요구된다. 이런 변화는 현대 가로가 갖는 속도감에서 비롯된다. 자동차 이동이 많아졌을 뿐 아니라 각종 전자매체의 영향으로 사물을 인식하는 속도 자체가 계속 빨라지고 있다. 순간에 뇌리에 박히는 강한 상징성이 요구되는 것이다.

기하는 이와 같은 현대사회의 현실적 조건을 만족시키기에 적합한 건축어휘이다(그림 1, 2). 건축작품에 요구되는 인상과 상징성은 곧 표현성을 의미한다. 적어도 건축의 경우 인상과 상징은 표현으로 대응될 수 있다. 그리고 기하는 건축적 표현성을 만들어내기에 유용한 매개이다. 기하 이미지는 바로 이러한 표현성을 지향한다. 정체성, 이미지, 인상, 상징성 등은 모두 현대의 후기 소비사회 현실에서 건물에 요구되는 새로운 조건들이다. 표현성은 이런 조건들을 포괄하여 만족시킬 수 있는 조형개념이다. 기하는 이것을 구체화시키는 조형어휘이다. 이때의 기하는 곧 기하 이미지로 작동한다. 기하 이미지를 통하여 건물은 현실 속에서 사회의 일원으로 편입된다.

우성 사옥 : 대비와 어울림

1990년과 1991년에 비슷한 모양의 건물 세 채가 지어졌다. 모두 조건영의 작품이었다. 동숭동 J.S. 빌딩, 후렛시네 사옥, 우성 사옥(현재 셰프라인 사옥)이었다. 세 건물 모두 삼각형 프레임이 지붕에 설치되면서 강한 인상을 풍긴다. 삼각형 프레임은 재료와 구조공법, 색채와 형상 등을 달리하며 가변성을 보여주긴 하지만 이보다는 하나의 강력한 기하 이미지를 표현하고 있음을 알 수 있다. 삼각형을 이용한 표현성이 추구되고 있다. 세 건물 모두 가로에

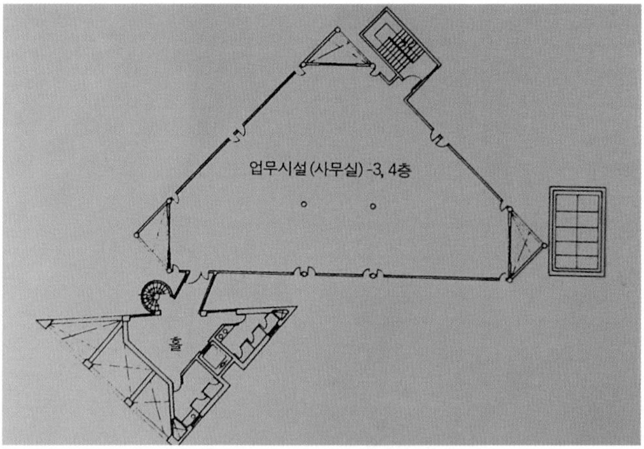

노출된 상업건물이라는 점에서 이런 표현성은 이와 같은 기하 이미지의 좋은 예로 볼 수 있다. 이 모티브는 건축가의 트레이드마크가 되었다. 이 모티브는 1994년의 서울 국악 예술 고등학교에서 한번 더 반복되었으며 1998년의 팬텍 기술 연구소에서는 변형된 형태로 사용되었다.

우성 사옥을 보자. 표현성은 삼각형이라는 기하 모티브를 이용하여 시도되고 있다. 이러한 시도는 갈등구도를 통해서 구체화된다. 갈등구도는 직설적 이분법의 형식으로 구성된다. 건물은 두 부분으로 구성된다. 수직동선과 화장실 등의 서비스 공간을 담당하는 코어와 실제 사용되는 각 실을 담당하는 몸통의 두 부분이다(그림 3). 두 매스는 비정형의 대지에 맞춰 꺾인 형상으로 분리되어 있다. 두 매스는 강한 대비구도를 이룬다. 서비스 코어와 몸통 본체를 분리시키는 실 배정부터 대비적이다. 이런 대비구도는 재료, 공법, 창, 색채 등 건축과 관련된 기본요소를 통해 표현된다. 분리된 두 매스는 재료와 구조공법에 있어서 다르게 처리되어 있다. 코어 매스는 콘크리트 벽체 구조인

그림 3
조건영, 우성 사옥, 2층 평면도, 서울, 1991

그림 4
조건영, 우성 사옥, 서울, 1991

것처럼 보인다(그림 4). 이에 반해 몸통 매스는 철골 프레임의 가구식架構式 구조로 구성된다(그림 5).

이 자체가 강한 대비구도를 형성한다. 벽체 구조와 가구식 구조는 공법과 관련하여 건축에서 가장 기본적인 대비를 이룬다. 콘크리트와 철골 역시 산업재료라는 공통점이 있기는 하지만 전자는 일체식 구조에 그리고 후자는 접합식 구조에 각각 대응되는 점에서 일정한 대비를 이룬다. 이 자체만으로는 대비성이 약할 수 있는데 여기에 벽체 구조와 가구식 구조를 세트로 대응시킴으로써 대비구도는 확연해져 있다. 창과 색채 처리는 이런 대비성을 배가시킨다. 코어 매스에는 창이 가능한 한 자제되면서 콘크리트의 벽체성을 강조하고 있다. 짙은 회색은 이런 느낌을 보강시켜준다. 이에 반해 몸통 매스는 창이 많이 뚫리면서 가구식 프레임의 존재를 부각시키고 있다. 밝은 미색 역시 이런 느낌을 보강시켜준다.

이상과 같은 대비구도는 몇 가지 목적을 갖는 것으로 해석된다. 재료와 구조공법에 초점을 맞추어보면 개발 독재기로 요약되는

그림 5, 6
조건영, 우성 사옥, 서울, 1991

한국의 근대화 과정에 대한 1990년대적 시대해석의 의미를 갖는다. 이 내용에 대해서는 다음 기회에 다룰 것이다. 기하라는 주제와 관련지어볼 때 이러한 대비구도는 삼각형을 이용한 기하 이미지 만들기를 지향한다. 이렇게 만들어진 기하 이미지는 건물에 강한 표현성을 부과한다. 삼각형은 여러 가지 이미지를 갖는다. 이 가운데 대비구도를 대응시킨 처리는 삼각형으로부터 비상한 자극성을 취하겠다는 조형의지를 의미한다. 실제 건물을 보더라도 삼각형은 급박한 긴장감을 불러일으키며 사람들의 시선을 모으고 있다. 긴장감의 급박성은 과도하게 느껴지기도 한다. 삼각형은 지붕에 날카로운 예각을 형성하며 시선을 자극하고 있다(그림 6).

이러한 자극성은 일차적으로 불리한 대지조건에서 나온 것으로 보인다. 대지는 주변건물들로 둘러싸인 불리한 조건을 갖는다. 대지는 비정형 'ㄱ' 자형이며 길고 짧은 일곱 개의 변으로 구성된다.

그림 7
조건영, 우성 사옥, 서울, 1991

이 가운데 짧은 한 변만이 간선도로를 면하고 있고 나머지 여섯 면은 옆 건물들 사이에 묻혀버리거나 뒤쪽의 이면도로를 향하고 있다(그림 7). 이런 대지상황은 많은 사람들에게 자신의 존재를 알려야 하는 기업 사옥으로서는 매우 불리한 조건인 셈이다. 자극성은 이런 조건 속에서 내 건물에 시각적 정체성을 부여하기 위한 목적을 갖는다. 우성 사옥의 날카로운 삼각형은 자신의 존재를 알리는 데 유용한 역할을 하고 있는 것으로 보인다. 대지를 에워싸고 있는 건물들 사이를 찢고 돌출한 날카로운 조형물은 매우 직설적 방법으로 건물의 존재를 알리고 있다. 간선도로 쪽으로 한 면을 면한 삼각형은 이 가운데 가장 날카롭고 자극적이다. 이 삼각형은 뒤쪽에 숨어 있는 다른 삼각형들로 시선을 연장하여 끌고 들어가는 가이드 역할을 하고 있다(그림 8).

그림 8
조건영, 우성 사옥, 서울, 1991

이상과 같은 긴장감은 삼각형이 갖는 초월성에 의해 기하적 표현성을 추구한다. 이것은 삼각형의 초월적 이미지를 통해 현실 속에서 스스로를 돌출시키려는 조형의지를 의미한다. 삼각형은 기본 기하형태들 가운데 초월적 이미지가 가장 강한 도형임에 틀림없다. 특히 직설적 자극성을 통한 초월성의 경우 더욱 그러하다. 일단 기본 기하형태는 원형성으로 인해 모두 일정 부분의 초월성을 갖는 것으로 볼 수 있다. 원형은 현실을 걸러내다보면 가장 마지막에 남는 본질요소라는 의미를 갖기 때문이다. 본질이란 현상

그림 9
조건영, 우성 사옥, 서울, 1991

의 흔들림 뒤에 변하지 않고 남는 절대성의 상태이다. 따라서 그러한 현상의 흐름으로 구성되는 현실에 대해 초월적이다.

그러나 기본 기하형태들이 갖는 이러한 초월성은 그 의미가 서로 조금씩 다르다. 예를 들어 균제와 조화의 가치를 갖는 정사각형은 현실의 불안정성에 대해 초월적이다. 영원불변의 가치를 갖는 원은 현실의 일회적 덧없음에 대해 초월적이다. 반면에 삼각형은 수직적 역동성을 통해 현실의 정체停滯를 뚫고 솟아오르는 초월성을 상징한다. 우성 사옥에 쓰인 삼각형 역시 이러한 초월성을 기본 조형가치로 갖는다. 수직방향을 향한 역동성은 곧 긴장감과 동격의 조형성을 의미한다. 이러한 역동성이 수평의 현실을 뚫고 솟아오를 때는 갈등이 인다. 이 모든 내용들은 지금까지 살펴본 우성 사옥의 표현성과 합치되는 조형적 의미를 갖는다.

그러나 우성 사옥에 갈등과 긴장만 있는 것은 아니다. 우성 사옥의 표현성은 궁극적으로 삼각형이 현실세계에 대해서 갖는 초월성과 어울림의 양면성을 동시에 추구한다. 갈등과 긴장, 초월성과 표현성은 최종적으로 현실과 어울리려는 상징적 의도를 내포한다(그림 9). 이런 해석은 우성 사옥에 쓰인 삼각형이 보여주는 두 가지 특징을 근거로 갖는다. 한 가지는 삼각형의 가변성이 주요 조형가치로 추구되고 있는 점이다. 삼각형은 정사각형이나 원과 달리 정형성과 가변성의 두 가지 상반되는 특징을 동시에 갖는다. 삼각형이 초월적으로 읽히는 것은 이 가운데 정형성을 가질 때이다. 반대로 삼각형이 가변적 조형성을 가질 경우 현실과 어울리려는 변형의지를 갖는 것으로 해석될 수 있다.

가변성은 삼각형의 기본속성이기도 하다. 삼각형은 정사각형이나 원보다 불안정하며 불완전하다. 셋이란 숫자는 긴장과 견제의 의미를 갖는다. 형태적으로 보더라도 규제와 완결성은 많이 결여되어 있다. 그보다는 활성 에너지가 만들어주는 가변성을 특징으로 갖는다. 정사각형이나 원과 달리 각도를 바꿀 수 있는 특징이 있다. 변 사이의 길이 비례 또한 천차만별이다. 이런 가변성은 불규칙적이며 혼란스러운 현실환경의 조형성에 대응된다. 우성 사옥에서 삼각형은 가변적으로 처리되어 있다. 접지하지 못하고 있으며 지평방향으로 안정적으로 자리잡고 있지도 못하다. 공중에 사선방향으로 매달려 있는 형국이다. 또 하나의 큰 삼각형이 다시 여러 개의 작은 삼각형들로 분할되어 있다. 이 때문에 이것들이 조합되는 경우의 수에 따라 여러 종류의 삼각형이 산만하게 그려진다(그림 10). 뿐만 아니라 코어 매스와 몸통 매스의 삼각형이 서로 다르다. 재료를 이원화했을 뿐 아니라 각도나 기울기 등 형상도 다르게 처리되어 있다. 우성 사옥에서 삼각형은 가변성을 극대화하며 현실적응 의지를 보여준다.

다른 한 가지는 삼각형이 소품화되어 있다는 점이다. 우성 사옥에서 삼각형은 고형적 매스가 아닌 프레임 형태로 처리되어 있다. 삼각형은 속이 비워지면서 면 부재로 압축되어 있다. 면 부재는 삼각형의 윤곽만을 보여준다. 이 윤곽마저 다시 천공穿孔 처리되면서 삼각형은 선형 프레임으로 구성되고 있다. 삼각형이 기하도형

그림 10
조건영, 우성 사옥, 서울, 1991

이 아닌 건축으로서 의미를 갖는 경우는 덩어리로 존재할 때이다. 사람을 담을 수 있는 공간이 속에 만들어져야 하며 다시 이것을 감싸는 고형체가 존재하여야 한다. 이런 경우에 삼각형은 기하적 절대성을 갖는다. 기하적 절대성은 건축적 초월성의 근거가 된다. 그러나 우성 사옥에서는 삼각형으로부터 이러한 절대성이 박탈되고 없다. 하늘을 향하려는 초월성 대신 주변으로 내려와 소품으로 변해 있다. 소품으로 변한 삼각형은 현실환경과 부담 없이 어울린다. 날카롭게 하늘을 찌르던 삼각형이 각도와 방향을 조금 달리하여 어느새 넓적하고 편안한 모습을 하고 있다. 마치 이웃집 아저씨 같은 친근한 모습으로 바뀌어 있다.

초월성과 어울림의 양면성은 삼각형의 조형적 의미를 둘러싼 대비구도를 형성한다. 앞에서 살펴본 재료, 공법, 창, 색채 등의 요소를 통한 대비구도는 삼각형을 만드는 축조과정과 관련된 것이었다. 도형으로서의 삼각형을 구조물로서의 삼각형으로 만들어 가는 과정에서의 대비구도인 것이다. 한편 초월성과 어울림의 양면성은 삼각형이 갖는 조형적 의미에서의 대비구도이다. 구조물로서의 삼각형이 건물로서의 삼각형으로 발전하는 과정에서의 대비구도인 것이다. 삼각형이 건물이 될 수 있는 이유는 현실환경 속에서 존재의 정체성을 확보하는 데 성공하고 있기 때문이다. 존재의 정체성을 확보했다 함은 곧 건축적 의미를 획득했음을 의미한다. 우성 사옥에서 존재의 정체성이 건축적 의미를 획득한 근거는 두 가지이다.

한 가지는 정체성이 지극히 건축적 기법을 통해서 표현되고 있다는 점이다. 삼각형은 처음부터 직접적으로 건물이 되고 싶어하고 있다. 다른 한 가지는 정체성의 최종목적이 현실과의 어울림을 지향하고 있다는 점이다. 삼각형은 현실을 제압하려는 듯한 기세로 그 속에서 자신의 존재를 알리고 있지만 이것의 궁극적 목적은 현실과의 어울림이다. 우성 사옥에서는 이처럼 두 단계의 대비구도를 통해 도형으로서의 삼각형이 건축적 의미를 획득하며 건물로 발전하고 있다. 이때 대비구도는 끝까지 갈등만을 남기지는 않는다. 첫번째 대비구도가 갈등과 긴장을 통해 현실을 박차고 오르려는 관심 끌기 단계였다면 두번째 대비구도는 갈등과 긴장을 풀면서 현실 속에 자리잡으려는 정착 단계이다. 이렇게 두 단계를 통해 삼각형은 현실과 어울리면서 건축으로 발전하고 있다.

서울 국악 예술 고등학교 : 두 개의 현실과 초월적 삼각형

우성 사옥에서 현실과의 어울림 기능을 갖는 것으로 정의되었던 삼각형은 서울 국악 예술 고등학교에서는 현실 포괄체로 발전한다. 그러나 여기에서의 현실 포괄체는 현실 초월성을 궁극적 목적으로 갖는다. 이것은 일종의 이중성 혹은 양면성일 수 있다. 서울 국악 예술 고등학교에서의 양면성은 우성 사옥의 경우와 반대된다. 우성 사옥에서 삼각형의 표현성은 표면적으로는 초월성을 지향하는 것 같지만 내용적으로 현실과의 어울림을 의도했다. 서울 국악 예술 고등학교에서 삼각형은 이와 반대로 현실 포괄체로 작용하는 것 같지만 이때의 포괄은 현실 초월성을 의도한다.

이러한 차이는 두 건물의 기능유형, 프로그램 규모 및 구성, 대지조건 등에서 연유한다. 우성 사옥은 기업 사옥이며 비교적 작고 간단한 규모의 프로그램 구성을 갖는다. 대지 또한 간선도로를 면하며 빽빽한 기존 건물들에 둘러싸여 있다. 이 때문에 우성 사옥에는 강도 높은 삼각형의 표현성이 요구되었다. 그리고 이러한 표현성은 건물에 정체성을 부여함과 동시에 주변과 어울리려는 이중 목적을 가졌다. 이에 반해 서울 국악 예술 고등학교는 기능유형에서 학교라는 차이가 있다. 한국의 고등학교들은 프로그램 구성 면에서는 간단한 편이다. 그러나 우성 사옥의 경우보다는 여전히 많이 복잡한 편이다. 특히 규모 면에서는 더욱 그러하며 이러한 프로그램이 수평으로 확산된다는 중요한 차이점을 갖는다.

고등학교는 수직방향으로 농축적 구성을 갖는 기업 사옥과 달리 넓은 면적을 차지하며 수평방향으로 하나의 완결된 세계를 형성한다. 고등학교는 기본성격에서부터 기업 사옥보다는 확실히 자기 완결성이 강하다. 수평방향으로의 확산적 구성은 이러한 완결성을 강조하는 기능을 한다. 대지조건을 보더라도 대부분의 고등학교는 담으로 둘러쳐진 자기만의 넓은 세계를 갖는다. 서울 국악 예술 고등학교의 대지도 구릉 위에 위치하면서 주변 주택가 사이에서 우뚝 솟아 있다. 주변현실로부터 일정한 거리를 유지하고 있다. 위치가 높기 때문에 현실 초월적으로 느껴지기도 한다. 이

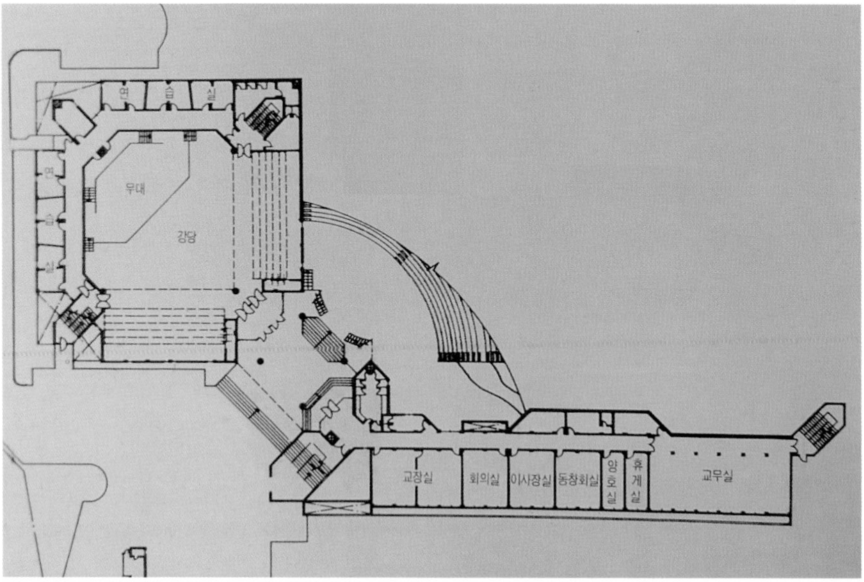

그림 11
조건영, 서울 국악 예술 고등학교, 1층 평면도, 서울, 1994

모든 대지상황은 자체 완결성과 밀접한 연관성을 갖는다. 여기에 더하여 서울 국악 예술 고등학교라는 상징성은 자체 완결성을 더욱 보강한다. 국악이라는 문화 예술 단위가 갖는 독립성이라는 측면이 완결성을 보강하는 것이다.

이상을 한마디로 요약하면 서울 국악 예술 고등학교에도 정체성의 표현이 요구되지만 그 조건과 내용은 우성 사옥의 경우와 다르다는 것이다. 서울 국악 예술 고등학교 혹은 일반적 의미에서의 고등학교와 연관된 이와 같은 조건들은 건물이 정체성을 가질 것을 요구한다. 정체성은 교육이라는 기능유형을 매개로 한 자체 완결성을 건축적으로 번안한 개념이 될 수 있으며 표현성은 다시 이것을 건축적으로 구체화하는 수단이 될 수 있다. 여기에 국악이라는 문화 예술적 측면이 더해지면서 이런 가정은 더욱 타당성을 갖는다. 그러나 서울 국악 예술 고등학교에 요구되는 정체성은 앞에서

그림 12
조건영, 서울 국악 예술 고등학교, 서울, 1994

언급한 바와 같이 우성 사옥의 그것과 다르다. 그렇기 때문에 삼각형을 이용하여 정체성을 표현하는 내용과 방식도 달라야 한다.

서울 국악 예술 고등학교를 보자. 전체 구성은 일자형, 'ㅁ'자형, 팔각형의 세 매스로 이루어진다(그림 11). 교실 연습실 강당 무용실 등의 프로그램 구성은 국악 고등학교의 전형적 내용이다. 일자형과 'ㅁ'자형 매스는 직각으로 병렬하면서 더 큰 'ㄱ'자형 배치를 이룬다. 'ㄱ'자형의 꺾어진 부분에는 야외무대가 놓인다. 대부분의 주요 실들은 사각형으로 처리되어 있다. 배치질서 역시 수평-수직의 직각구도로 구성되어 있다. 연습실의 벽을 직각에서 약간씩 벗어나게 틀면서 사각형 구도를 깨보려 하고 있지만 이것은 평면도상으로나 읽히는 내용일 뿐 실제 공간에서는 거의 느껴지지 못한다. 전체 구도는 안정적이고 표준적인 사각형 구성을 하고 있다. 아직 정체성 표현을 통한 자체 완결성은 나타나지 않고 있다.

삼각형은 다시 한 번 이런 상황에서 표현성을 부가하는 목적으로 차용되고 있다. 그 모양과 처리도 우성 사옥에 쓰인 것과 유사하며 그 목적 역시 정체성을 표현하려는 점에서 동일하다. 그러나 그 내용에 있어서는 차이점을 갖는다. 서울 국악 예술 고등학교에서 삼각형의 표현성은 사각형의 안정구도 사이에 파격을 가함으로써 비상한 자극을 불러일으키는 방식에 의해 정체성을 표현하고 있다. 여기까지도 우성 사옥과 같다. 두 건물 사이의 차이점은 다음과 같은 세 가지 사항에서 나타난다.

그림 13
조건영, 서울 국악 예술 고등학교, 서울, 1994

첫째, 파격의 대상이 건물 자신이라는 점이다. 우성 사옥에서 파격의 대상은 주변환경이었다. 우성 사옥의 건물 자체에서는 사각형 대 삼각형의 구별이 무의미했다. 이에 반해 서울 국악 예술 고등학교에서 삼각형의 파격은 건물 자신의 사각형 구도에 대한 것이다. 삼각형은 사각형의 단조로운 평이성을 깨는 인위적 자극의 목적을 갖는다(그림 12). 물론 우성 사옥에서도 삼각형은 시각적 자극의 목적을 가졌다. 그러나 이때의 자극은 주변현실이라는 대상과의 복합적 관계를 형성하면서 건축적 의미를 획득하였다. 이에 반해 서울 국악 예술 고등학교에서의 자극은 이것보다 훨씬 단조로운 자극 자체만을 목적으로 갖는다. 서울 국악 예술 고등학교에서 삼각형은 우성 사옥에서와 같은 건축적 의미를 갖지

못하는 것 같아 보인다. 일차원적 조형요소로 머물고 있다.

둘째, 서울 국악 예술 고등학교에서 삼각형은 현실 초월적이라는 점이다. 이러한 초월성은 두 단계의 과정을 거쳐 읽힌다. 삼각형은 첫 단계에서 현실 포괄성의 기능을 갖는다. 이것은 복합 프로그램을 통괄하는 포괄체의 기능으로 나타난다. 고등학교는 독립적 완결성을 갖기 때문에 하나의 현실로 볼 수 있다. 한편 여러 종류의 교실들로 구성되는 고등학교는 단조로운 모듈의 반복이기 쉽다. 서울 국악 예술 고등학교에서 삼각형은 이러한 모듈들을 하나로 묶어주는 접착매개의 역할을 한다(그림 13). 접착매개가 필요한 이유는 독립적 완결성을 확보하기 위해서이다. 서울 국악 예술 고등학교에서 이러한 접착매개는 사각형 모듈 위에 한 겹의 비정형 막을 덧씌운 형식으로 처리된다. 이 막은 사각형의 단조로움을 깨기 위한 조형적 목적을 갖는다. 삼각형은 세 매스의 지붕을 각각 지배하며 덧씌운 비정형 막을 대표하는 조형요소로 작용한다(그림 14). 이러한 대표성은 학교 전체, 곧 하나의 현실을 묶는 포괄성의 기능으로 해석될 수 있다.

그림 14
조건영, 중앙 국악 관현악단 스튜디오, 서울, 1994

서울 국악 예술 고등학교에서 현실 포괄성의 최종목적은 현실 초월성이다. 하나의 완결적 현실로 읽히는 학교 자체는 건축적 해석에 대한 궁극적 대상으로서의 현실이 될 수 없다. 이것은 최종

그림 15
조건영, 서울 국악 예술 고등학교, 서울, 1994

적으로 진짜 현실과의 관계 아래에서만 그 의미가 결정된다. 이때 진짜 현실은 물론 학교를 둘러싸고 있는 주변환경이다. 서울 국악 예술 고등학교의 삼각형은 이러한 진짜 현실에 대해 초월적 입장을 갖는다. 똑같은 삼각형이지만 우성 사옥에서의 어울림과는 반대의 의미인 것이다. 우성 사옥은 주변환경을 직접 맞대고 서 있는 대지조건 아래에서 삼각형의 가변성을 이용하여 현실과 어울리고 있다.

이에 반해 서울 국악 예술 고등학교에는 두 겹의 현실이 형성되어 있다. 삼각형은 첫번째의 현실에 대해 포괄적 입장을 갖는다. 이러한 포괄성은 사각형과 대비구도를 이루며 첫번째 현실의 독립적 완결성을 돕는 역할을 하고 있다. 이렇게 정의된 첫번째 현실은 두번째 진짜 현실과 분리된 독립세계가 된다. 이런 상태에서 삼각형은 초월성과 어울림의 양면성을 갖지 못한다. 초월성만을 갖는 것으로 읽힌다. 물론 서울 국악 예술 고등학교에서는 부분적으로 현실세계의 불규칙한 조형성을 닮은 비정형 기하요소들이 쓰이고 있다. 첫번째 현실을 두번째 현실과 닮게 만들려는 조형어휘가 나타나고 있다. 이러한 조형어휘는 일정 부분 삼각형의 가변

그림 16
조건영, 서울 국악 예술
고등학교, 서울, 1994

성과 동일한 조형성을 갖는다. 따라서 이것을 매개로 삼각형은 우성 사옥에서와 같이 두번째의 진짜 현실과 닮고 있는 것으로 해석될 수도 있다(그림 15, 16). 그러나 기하를 이용한 현실 닮기는 이처럼 두 단계를 거칠 경우 그 효능이 희석되어 건축적 의미로 발전하지 못한다. 학교같이 독립적 완결성을 전제로 한 건물단위가 현실과 닮는 방법은 기하가 아닌 장소 같은 존재적 요소이어야 한다.

셋째, 서울 국악 예술 고등학교에서 삼각형의 초월성은 성공하지 못하고 있다. 이것은 곧 삼각형을 이용한 표현성이 성공하지 못함을 의미한다. 서울 국악 예술 고등학교에서 삼각형만으로 초월성을 표현하는 것은 벅차 보인다(그림 17, 18). 일단 양적인 차원에서 그러하다. 서울 국악 예술 고등학교에서 쓰인 세 개의 삼각형은 크기, 형상, 구조적 구성 등의 모든 면에 있어서 우성 사옥의 것보다 작다. 미니멀리즘적 분위기로 단순화된 것도 있고 뾰쪽한 침처럼 축소된 것도 있다. 서울 국악 예술 고등학교의 프로그램이 갖는 규모와 복합성으로 볼 때 이것만으로는 충분한 상징성을 발휘하기 어렵다. 그러나 시각적 자극과 초월성은 여전히 요구되고 있다. 이런 상태에서 삼각형은 내재적 의미에 대한 적절한 해석 없이 형태가 갖는 예각의 자극성만으로 조형성이 결정되어버린다(그림 19). 한쪽으로 치우친 무리한 해석이 일어나는 것이다. 이것만 가지고서는 도형으로서의 삼각형

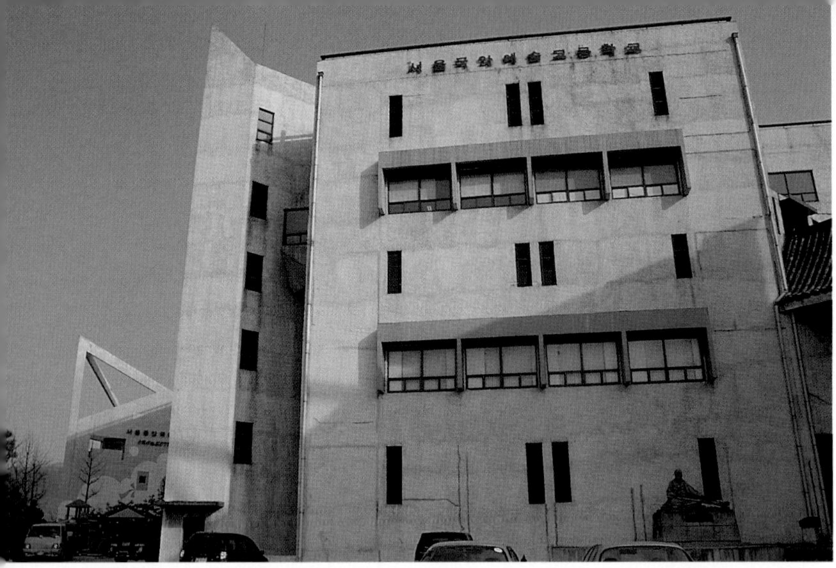

그림 17, 18
조건영, 서울 국악 예술 고등학교, 서울, 1994

이 건축요소로서의 삼각형으로 발전하지 못한다.

서울 국악 예술 고등학교에서는 이처럼 삼각형을 이용한 표현성이 적절하게 구사되지 못하고 있다. 이런 점은 우성 사옥과 비교해보면 잘 드러난다. 우성 사옥과 동일한 어휘를 사용하였는데 우성 사옥과 달리 성공적이지 못하다. 그 이유는 상황과 조건이

다른데도 불구하고 동일한 어휘를 반복적으로 사용하고 있기 때문이다. 상황과 조건이 바뀌면 건축적 해석과 지향점도 달라져야 하며 어휘처리는 이에 맞게 변형되어야 한다. 서울 국악 예술 고등학교에서는 이러한 고민이 결여된 것으로 보인다. 삼각형 프레임은 1990년대 초반을 거치면서 건축가의 트레이드마크가 되었다. 그리고 건축가는 상황 차이에 대한 큰 고민 없이 자신의 트레이드마크를 단순 반복하고 있는 것 같아 보인다.

그림 19
조건영, 서울 국악 예술 고등학교, 서울, 1994

벽-넷 대 벽-둘

2

실체와 가정

원형과 파생(1) : 기하 원리주의와 기하 파생주의

기하를 이용한 이미지 만들기는 기하의 건축화 과정과 함께 일어난다. 전문 세분화되는 건물유형에는 강한 이미지와 함께 그러한 유형에 맞는 건축적 기능 역시 전문화될 것이 요구된다. 기능의 전문화는 실용성에 더하여 조형성을 함께 의미한다. 실용성과 조형성이라는 기능의 두 가지 측면을 통합할 수 있는 개념은 현실이다. 현실세계에서 일어나는 일을 무리 없이 담아낼 수 있으면 그 건물은 기능적인 것이 된다. 실용적 기능이다. 또한 현실세계를 담아내다보면 건물은 자연히 다양하고 조형성 높은 건축어휘를 갖게 된다. 조형적 기능이다. 기하는 이런 상황에 적용되기 적합한 매개이다. 기하를 적절히 각색할 경우 앞의 두 가지 기능을 만족시키며 현실을 잘 담아낼 수 있다. 실제로 1990년대 한국 현대건축에서는 이같은 개념으로 기하를 구사한 기하주의 건축이 다수 발견된다.

요구되는 이런 조건에 맞추다보면 기하는 도형에서 벗어나 점점 건축물에 가까워진다. 기하는 다양한 현실세계를 담아내기 위해 분화되고 변신한다. 원형성에서 벗어나 파생을 시작한다. 기하의 원형성을 지키는 경향을 기하 원리주의라 한다면 이런 경향은 기하 파생주의로 부를 수 있다. 건축에서의 원리주의라는 개념에 대한 정해진 기준이 있는 것은 아니다. 원형성을 지킨다고는 하지만 건축에서 사용되는 기하는 순수 기하학에서의 도형과는 다를 수밖에 없다. 기하는 건축이 아니기 때문이다. 그러나 기하는 건축이 될 수 있다. 적절히 분화되고 변신한다는 가정 아래에서 그러하다. 이때 기하가 분화되고 변신하는 정도에 따라 원리주의와 파생주의를 구별할 수 있다.

원리주의와 파생주의는 큰 차이를 갖는다. 기본목적부터 다르다. 원리주의가 기하원형이 갖는 본질적 가치에 의존한다면 파생주의는 기하가 갖는 변신능력과 이것의 포괄성에 의존한다. 현실에 대한 기본입장도 다르다. 원리주의가 현실 초월성을 기본 입장으로 갖는데 반해 파생주의는 가능한 한 현실과 닮으려는 입장을 갖는다. 디자인이 발전되어가는 순서를 보더라도 원리주의는 기하에서 시작되어 건축현실로 나아가는 반면 파생주의는 현실 상황이 먼저 정해지고 기하를 여기에 맞추는 형식이 된다. 사용되는 어휘도 다르다. 원리주의는 기본 기하형태임을 인식할 수 있는 범위 내에서 원형성이 지켜져야 하는데 반해 파생주의는 기하의 종류보다는 점 선 면 벽체 기둥 매스 프레임 등의 확장된 어휘를 다룬다.

해석되는 내용과 건축적 의미도 다르다. 원리주의는 기하주의 단독으로 존재한다. 그 이외의 처리가 더해지면 원형성이 훼손되기 때문이다. 이에 반해 파생주의는 다른 양식과 공존한다. 예를 들어 형태적 측면에서 파생이 심해질 경우 혼성과 일정 부분 건축적 내용을 공유하게 된다. 기하 원리주의는 졸저인 『기하와 건축』(1990년대 한국 현대건축사 2, 북하우스, 2002)에서 다룬 건물들을 대표적 예로 볼 수 있다. 원리주의 건축은 기본 기하형태가 강하게 남아 있기 때문에 명확하게 기하주의로 정의될 수 있다. 이에 반해 파생주의는 온전한 기하형태를 유지하지 못하기 때문에 이것을 기하주의로 분류하기 위해서는 정밀한 해석이 필요하다. 이러한 해석의 내용들은 다양한 건축주제로 발전되어나간다. 이것들이 기하주의가 되기 위해서는 이같은 다양한 주제들이 기하를 기본매개로 삼아 해석된다는 가정이 지켜져야 한다. 이필훈의 벽-넷과 최종인+심재덕+이필훈의 벽-둘은 기하 파생주의의 좋은 예에 해당된다.

벽-넷 : 기하, 면, 벽

벽-넷에서 기하 파생주의는 말 그대로 벽으로 집중된다. 기하는 벽이라는 건축주제로 파생된다. 혹은 환원일 수도 있다. 벽-넷에서 벽은 건축의 본질을 지키는 마지막 보루로 다루어지고 있는 것이다. 벽 처리방식을 본질과 허구를 가르는 기준으로 제시하고 있다. 그러나 어느 것이 본질이고 어느 것이 허구인지를 명확히 구분하고 있지는 않는 것 같다. 이런 구분은 무의미해졌기 때문이다. 그보다는 이런 고민을 통하여 현실 속에서 건물이 갖는 의미에 더 관심을 기울이고 있다. 이때 현실이라 함은 1990년대 한국사회 혹은 서울의 평범한 가로환경을 가리킨다. 이런 환경 속에서 건물이 얼마나 건축의 본질을 지킬 수 있고 또한 현실과 어울릴 수 있는지를 실험하고 있는 것이다.

벽-넷에서의 이런 실험은 매우 건축적인 주제이다. 사회적이라

그림 20
이필훈, 벽-넷, 서울, 1994

고 할 수도 있다. 그런데 벽-넷에서 이런 내용들은 기하를 통해서 표현된다. 그 근거는 두 가지이다. 한 가지는 벽이란 어휘가 기하에서 파생된 측면을 가지며 실제 벽-넷에서도 그렇게 해석될 수 있는 내용을 보여준다는 사실이다. 다른 한 가지는 이렇게 파생된 벽이 다시 기하로 환원되어간다는 사실이다. 벽-넷에서 벽은 현실 속에서 건축의 본질이 갖는 의미를 되새겨보는 매개의 역할을 하고 있으며 이것은 기하를 통해 구체화되고 있다. 벽이 갖는 건축적 의미는 다분히 해석적 차원의 것이다. 벽은 실제 건물에서 다른 물리적 실체로 구체화된다. 벽-넷에서 이런 물리적 실체는 3차원 기하 매스이다(그림 20). 벽은 기하로 집중되고 있다.

우리가 흔히 기하라고 부르는 도형은 가상적 존재이다. 예를 들어 사각형을 보자. 실제세계에서 사각형은 어느 곳에도 존재하지 않는다. 흰 여백과 그 위에 네 개의 선분만이 존재할 뿐이다. 혹은 네 개의 선분으로 막힌 부분을 오려냈다고 해보자. 그렇더라도 여

그림 21, 22
이필훈, 벽-넷, 서울, 1994

전히 실제세계에서 네 모퉁이의 각이 완전한 직각으로 유지되는 상태란 없다. 그런 상태가 있다고 가정할 뿐이다. 현실을 구성하는 기하원리는 이런 가정을 출발점으로 삼아 전개된다. 가정 위에 근거하여 전개되는 논리이지만 현실 속의 기하원리는 훌륭히 작동하며 또 하나의 완결된 독립세계를 형성한다.

건축에서도 기하는 가정적 상태로 존재할 뿐이다. 삼각형이나 사각형 같은 2차원 상태의 기하원형은 실제 건물과는 사실 아무 관련이 없다. 건물은 2차원 상태로 존재하지 않는다. 뿐만 아니라 그 같은 기본 기하형태가 건물이 되기 위해서는 여러 단계의 각색과 의미획득 과정을 거쳐야 한다. 특히 현실의 문제를 포괄해내기 위해서는 더욱 그러하다. 점 선 면으로의 파생은 그러한 각색의 좋은 예가 될 수 있다. 그러나 점 선 면만으로는 아직 건축적 필연성이 부족하다. 이 어휘들은 시각예술 전반에 걸쳐 공통적으로 쓰인다. 벽체 기둥 매스 프레임으로의 2차 파생이면 건축적 집중력

그림 23, 24
이필훈, 벽-넷, 서울, 1994

이 충분히 확보된 것으로 볼 수 있다(그림 21). 벽-넷은 기하와 건축 사이에 존재하는 이러한 전환관계를 잘 보여주는 예이다(그림 22). 벽-넷에서의 전환관계는 네 단계에 걸쳐 일어난다.

첫번째 단계는 기하에서 파생된 면으로의 전환이다. 벽-넷을 구성하는 주요 조형어휘는 단연코 벽이다. 이러한 벽은 점 선 면의 조형위계를 내포한다. 벽-넷에 쓰인 벽은 점 선 면의 기하 조형성에 의해 형성된다(그림 23). 벽-넷에서 벽은 온전한 한 장의 면으로 제시되기도 한다. 그 면에 작은 구멍들이 뚫리면서 점의 조작이 가해진 모습으로 정의되기도 한다. 이 구멍이 커지면서 벽은 선이 되기도 한다. 선이 모여서 벽을 만드는 것처럼 보이기도 한다. 벽을 매개로 점과 선과 면은 교합하며 하나로 합쳐진다. 혹은 처음부터 선형어휘가 면의 존재를 암시하기도 한다. 지붕의 일부에 쓰인 페디먼트 윤곽이 그것이다. 철골 프레임을 선형어휘로 삼아 삼각형 윤곽만 제시하고 있다. 이러한 윤곽은 페디먼트를 연상시키면서 면의 상태로 읽힌다(그림 24). 벽은 스스로를 기하에서 나온 조형어휘로 정의하고 있다. 만약에 기하로 건물을 구성한다면 벽이 그러한 역할을 할 수 있는 최우선 어휘가 된다는 주장을 하고 있는 것 같다.

그림 25
이필훈, 벽-넷, 서울, 1994

두번째 단계에서 벽은 기하에서 파생한 면으로부터 건축에서 자생한 내력구조의 문제로 전환한다. 기하로서의 벽이 건축으로서의 벽으로 전환되는 시작이다. 이런 전환은 내력구조의 역할을 둘러싼 건축적 고민과 갈등의 내용으로 표현되고 있다. 왜냐하면 벽-넷에서 내력구조의 역할을 하는 벽은 없기 때문이다. 벽-넷에서 구조적 역할은 기둥이 전담하고 있다(그림 25). 철골과 콘크리트라는 대표적인 두 가지 산업재료의 속성상 기둥 구조가 가장 효율적이기 때문이다. 이 과정에서 벽의 구조기능은 박탈당했다. 형성체라는 근본적 문제에 있어서 건축의 본질이 바뀐 것이다. 이런 고민과 갈등은 곧 현대사회의 전도된 가치관과 동의어로 해석된다. 내력구조의 역할을 박탈당한 벽은 박제된 건축어휘일 뿐이다. 그 다음에 벽에 남는 것은 보조요소로서의 장식적 기능뿐이다. 벽에는 필요 이상의 허위와 가식이 가해진다. 거짓 이미지가 실체를 구축驅逐하는 현대사회의 속성과 동일하다. 이런 갈등은 세번째 단계에서 극복되면서 다음 상태로 발전한다.

세번째 단계에서 면은 기하로 집중된다. 건축에서 벽은 단독으로 존재하지 못한다. 그것은 공간을 만들지 못하며 따라서 사람과 기능을 담지 못하기 때문이다. 벽은 최소한 여섯 장이 어울려야 기본 건축단위로 작용할 수 있다. 이 조건이 만족되어야 다음 단계에서 건축적 의미를 획득하여 진정한 건축어휘가 될 수 있다. 벽-넷에서 벽은 서로 어울리며 접합한다. 벽돌벽과 유리벽, 흰 페인트로 마감된 콘크리트벽과 구멍이 뚫린 가벽 등이 모서리를 맞대고 합쳐져 기하윤곽을 형성한다.

그림 26
이필훈, 벽-넷, 서울, 1994

이 과정에서 육면체를 중심으로 한 크고 작은 기하단위들이 형성된다. 갈등상태를 갖던 벽은 사라지고 기하단위를 구성하는 면으로서의 벽만 남는다. 다음 단계의 역할을 부여받으면서 이전 단계에서 가졌던 갈등상태는 사라진 것이다. 이전 단계에서는 기하에서 파생된 면이 벽으로 전환되었다. 이 벽은 구조역할이라는 가장 기본적인 건축적 조건과 얽히면서 건축어휘로서의 의미를 획득하였다. 건축어휘로 전환된 것이다. 이 건축어휘는 다시 기하로 전환되고 있다. 그러나 이 기하는 처음 면을 파생시킨 기하와 다르다. 첫번째 단계의 기하가 기하적 기하라면 세번째 단계의 기하는 건축적 기하이다(그림 26). 사람과 기능을 담고 현실을 닮으면서 건축적 의미가 완성되는 데 필요한 기본조건을 제시하고 있기 때문이다. 건축적 의미의 완성은 마지막 네번째 단계에서 일어난다.

그림 27
이필훈, 벽-넷, 서울, 1994

네번째 단계에서 기하는 현실과 어울리면서 건축적 의미를 완성한다. 첫번째 단계의 기하는 가상의 상태로 정의되는 출발점으로서의 기하였다. 네번째 단계의 기하는 건축이라는 완결된 현실세계 속에서 실제로 운용되면서 형성되는 또 하나의 다른 기하이다. 이러한 기하는 다양한 모습으로 변화하며 주변현실과 어울리는 기하 맥락주의로 발전하고 있다. 이 단계에서 기하는 육면체를 기본어휘로 삼아 조형성 높은 변화를 행한다(그림 27). 수직방향으로 중첩되다가 각도를 틀며 끼워지기도 한다. 직각 모서리가 예각으로 좁혀지거나 둔각으로 늘려진다. 혹은 가벽 면을 이용하여 육면체를 투시상태로 암시하기도 한다. 기하혼성으로 넘어가기 직전의 한계를 잘 지키며 기하 맥락주의의 한 예를 보여주고 있다. 기하의 원형적 가정상태에서 파생한 목적이 현실과 어울리려는 것이라면 벽-넷은 그러한 목적을 달성하고 있는 것으로 보인다.

건축가는 벽-넷이라는 건물 이름에 내포된 네 장의 벽이 무엇인지를 명확히 밝히지는 않고 있다. 벽을 바라보는 시각 자체도 몇

그림 28
이필훈, 벽-넷, 서울, 1994

종류로 복합화시켜 제시하고 있다. 먼저 벽-넷이라는 이 건물 자체를 뛰어넘어 사회라는 넓은 범위에서의 벽이 있다. 한국 현대사회를 어렵게 만드는 "……무의 벽……상황의 벽……가식의 벽……불투명한 벽"의 네 개의 벽이 그것이다. 사람들 사이의 관계를 가로막는 사회적 벽이다. 이런 사회적 벽은 건축적 벽과 대응된다. 주변환경을 꽉채운 답답한 수준의 건물들은 모두 각자의 벽으로 스스로를 드리우면서 옆 건물들과 격리되어 있다. 한국 현대사회에서 사람들 사이를 멀게 하는 사회적 벽은 곧 건물들 사이를 갈라놓는 건축적 벽과 동의어이다. 건축가는 이것들을 통틀어 '가면'이라 부른다. 자신의 건물에 쓰인 벽은 이것을 깨고 사람들 사이 나아가 건물들 사이에 조그만 숨통이라도 터놓기를 희망한다.

다음으로 현대건축에서 구조적 역할과 관련하여 정의되는 네 종류의 벽이다. 첫째는 구조체의 역할을 담당하는 내력벽이다. 가장 벽다운 벽이지만 기둥이 구조역할을 장악해버린 현대건축에서는 점점 사라져가는 벽이다. 둘째는 단독으로 존재하되 구조적 역할을 못 하는 헛벽이다. 자기 몸 하나 지탱할 수는 있지만 구조적 관점에서 봤을 때 건물 전체의 시스템으로 작동하지는 못하는 허구적 존재이다. 셋째는 기둥 구조체에 싸여 독립성을 확보한 벽이다. 라멘 구조에서 가장 많이 나타나는 벽이다. 기둥과 보 사이를 메워 방을 만들고 창을 낼 수 있게 해주는 벽이다. 그리고 넷째는 기둥 위에 덧붙여지는 벽이다. 기둥을 가려 마감재 역할을 한다.

마지막으로 벽-넷에 쓰인 네 장의 벽이다. 이 네 장의 벽은 쓰인 재료에 따라 분류된다. 미장 위 페인트칠한 벽, 치장 벽돌로 마감한 벽, 커튼 월, 철골 프레임에 의해 윤곽만 그려진 가짜 벽의 네 종류가 그것이다. 벽-넷에 쓰인 이 네 종류의 벽은 모두 비내력벽이다. 앞의 구조적 역할과 관련된 분류에 의하면 첫째의 내력벽을 제외한 나머지 세 종류가 쓰이고 있다. 혼자 가벽형태로 서 있는 헛벽이거나 기둥 사이를 메우는 벽이거나 기둥구조 위에 덧붙여져 건물 전면의 마감을 담당하고 있는 벽이다.

이상이 건물과 건축가의 글로부터 추측해볼 수 있는 네 종류의 벽이다. 이러한 벽-넷에서의 벽은 면을 매개로 기하와 건축을 하나로 묶어주는 기본 조형요소로 기능하고 있다. 먼저 가정적 상태로 존재하는 기하가 있고, 실제 건물 차원에서 건축어휘로 나타나는 기하가 있다. 벽-넷에서의 벽은 이 가운데 어느 것이 진짜 기하나아가 진짜 건축인지를 묻는다. 그러나 그 대답은 공허하다. 이런 물음 자체가 무의미할 수도 있다. 혹은 어느 것이 진짜 기하인지는 전혀 안 중요할 수도 있다. 중요한 것은 이것들이 지향하는 바가 무엇이며 그 목적이 어떻게 달성되었는가일 수 있다. 건축은 복합적으로 작동한다. 현실은 더 복합적으로 존재한다. 벽-넷에서 기하를 둘러싼 여러 겹의 가정상태는 이런 복합성 사이를 연결시켜 맺어주는 매개로 작용한다(그림 28). 기하의 본질을 둘러싼 의문들은 건물이 현실을 감싸 현실 속에 안길 수 있게 해주는 매개

그림 29
최종인+심재덕+이필훈,
벽-둘, 서울, 1993

역할을 하고 있다.

벽-둘 : 기하적 기하와 건축적 기하

벽-둘에서 벽의 역할은 벽-넷에서보다 단순하다(그림 29). 일단 건물 이름에 들어가는 숫자부터 그러하다. 벽이 두 개나 적은 것으로 명시되어 있기 때문이다. 시간적으로 보더라도 벽-둘이 벽-넷보다 일 년여 먼저 지어진 것으로 되어 있다. 벽-둘은 벽을 둘러싼 벽-넷에서의 고민들이 먼저 시작된 의미를 갖는다. 벽-둘에서 기하를 통해서 추구되는 내용 역시 벽-넷과 동일하다. 벽-둘에서도 기하는 벽-넷에서와 마찬가지로 네 단계의 전환을 거쳐 건축으로 발전한다. 그러나 동시에 차이점도 발견된다. 두 건물의 비교를 통해 벽-둘에서의 기하의 의미를 살펴보자.

첫번째 단계에서 기하는 점 선 면의 조형어휘로 전환된다. 벽-둘에서의 점 선 면 어휘는 벽-넷에서보다 훨씬 기교적이며 장식적인 차이를 보인다. 또한 면 중심으로 전환되었던 벽-넷과 달리 벽-둘에서는 선과 매스가 함께 나타난다. 사선과 조형충돌도 심한 편이다. 이런 현상은 벽-넷에서도 있었지만 벽-둘에서는 의도적인 차이가 느껴진다. 주변상황에 맞추다보니 그렇게 된 것이 아니라 순수 조형적 목적에서 그런 처리가 가해졌다는 의미이다. 꺾이고 끼워지고 틀어져 있다. 내밀기와 걸기, 잘라내기와 덧붙이기가 가해진다(그림 30, 31). 여기에 회화적 느낌의 장식처리도 더해지고 있다. 건물 입면은 1920년대 추상회화를 보는 느낌을 준다(그림 32). 점 선 면을 이용한 조형처리를 극대화하겠다는 의지가 확실하게 느껴지고 있다.

그림 30, 31
최종인+심재덕+이필훈, 벽-둘, 서울, 1993

그림 32
최종인+심재덕+이필훈, 벽-둘, 서울, 1993

두번째 단계에서는 이런 점 선 면이 건축어휘로 전환된다. 면은 벽이 되고 매스는 계단실이 된다. 베란다와 차양이 생성된다. 직선 벽과 둥근 벽이 교차하며 프레임과 가벽이 세워진다. 이런 처리는 벽-넷과 차이를 갖는다. 벽-넷에서는 점 선 면 가운데 면으로 조형어휘가 집중되었으며 이것은 다시 건축어휘 가운데 벽으로 집중되었다. 벽은 마감재료와 건축처리를 다양화하는 방식에 의해 차별되었다. 이에 반해 벽-둘에서는 조형어휘가 점 선 면 전체로 다양화되고 있고 따라서 건축어휘로의 전환 역시 여러 종류로 확산되고 있다. 이 때문에 벽 자체의 차별화나 다양화는 일어나지 않고 있다. 이런 현상은 건축어휘로의 전환이 충분히 일어나지 않은 것으로 보이기도 한다. 벽-둘은 확실히 벽-넷보다 덜 건축적이다. 순수 조형어휘에 머물고 있는 것으로 보인다(그림 33, 34). 이것은 바꿔 얘기하면 기하요소로서의 순도를 그만큼 많이 유지하

고 있다는 의미이기도 하다. 그러나 건축어휘로의 전환이 충분하지 않기 때문에 건축적인 농도는 떨어지는 양면성을 갖는다.

벽-둘에서도 중심어휘는 여전히 벽이다. 그리고 벽을 통해서 전달하고자 하는 건축적 메시지 역시 동일하다. 내력구조라는 본질적 기능을 거세당한 장식요소로서의 벽을 현대사회의 가식적 표피주의에 대응시키고 있다. 이런 메시지는 두 종류의 벽을 통해 표현된다. 한 가지는 기둥 프레임 사이를 채우는 막으로서의 벽이다. 흔히 볼 수 있는 유리벽이다. 아직 커튼 월로까지 발전하지는 않고 있으며 이보다는 윈도 프레임을 이용한 분할장식에 더 초점이 맞추어져 있다(그림 35). 다른 한 가지는 가벽이다. 벽은 허공에 매달려 있으며 천공이 가해지고 있다. 헛보와 합쳐지면서 시각요소로 변해 있다(그림 36).

그림 33, 34
최종인+심재덕+이필훈, 벽-둘, 서울, 1993

그림 35, 36
최종인+심재덕+이필훈, 벽-둘,
서울, 1993

그러나 벽을 통한 이런 고민은 벽-넷에서만큼 치열하지 않아 보인다. 일단은 너무 회화적 상태에 머물고 있다. 건축의 본질적 기능을 둘러싼 고민보다는 르 코르뷔지에나 데 스틸 같은 1920년대 서양양식에의 의존이 더 강하게 느껴지기도 한다. 기하에서 파생된 조형요소 자체의 형태적 멋에 집착하고 있는 것 같다. 건축어휘로의 전환이 충분하지 않다는 앞의 언급과 같은 의미이다. 벽-둘에서의 처리는 기하처리이지 건축처리는 아니다. 현대사회의 가벼움을 건축적 현상에 대응시켜 해석해내려는 의도는 충분한 깊이를 확보하지 못한 것으로 보인다. 기하적 기하일 뿐 건축적

그림 37
최종인+심재덕+이필훈, 벽-둘, 서울, 1993

기하로 발전하지 못하고 있다.

세번째 단계에서는 건축어휘가 다시 기하로 집중한다. 그러나 벽-둘에서는 두번째 단계에서 건축어휘로의 전환이 충분하지 않았기 때문에 세번째 단계는 무의미하다. 두번째 단계에서 아직 기하어휘에 머물고 있기 때문에 이것이 그대로 세번째 단계를 겸하고 있다. 물론 벽-둘에서도 사람을 담고 기능을 담는 입체는 확보되고 있다. 그러나 이것은 물리적 구조체에 가깝다. 혹은 순수 기하어휘에 가까운 것으로 볼 수도 있다. 건축적 의미를 획득한 건축단위로 발전하지 못하고 있다.

네번째 단계에서는 이러한 기하어휘가 현실과 어울린다. 벽-둘에서도 기하를 이용한 일정한 어울림이 일어나고 있다. 적어도 형태적 측면에서 보면 그러하다. 기하의 정형성에 대한 집착은 없어

그림 38
최종인+심재덕+이필훈, 벽-둘,
서울, 1993

보인다. 기하주의의 한계는 지켜지면서 적절한 변형처리를 통하여 주변환경의 불규칙성을 수용하고 있는 것으로 보인다. 그러나 이것은 어디까지나 형태적 측면에서 그러하다(그림 37). 벽-넷에서처럼 이것을 건축어휘에 대응시킨 후 현대사회의 부정적 측면에 대한 고민으로 해석해내는 적절하고 고차원적인 전환은 아직 없어 보인다. 개념적 차원에서의 전환은 확보되지 못하고 있다. 형태적 차원에서의 비정형주의에 가깝다. 이런 경향은 기하 조형주의 정도로 부를 수 있다. 기하 조형주의는 기하 파생주의와 다르다. 후자는 개념적 차원에서의 해석내용과 이것을 뒷받침할 수 있는 건축적 전환이 만족되어야 한다. 벽-둘에서는 아직 이 단계로의 전환이 일어나지 않고 있다.

물론 벽-둘이 보여주는 이런 처리 자체를 하나의 조형적 가치로 받아들이면 문제는 없다. 기하 조형주의 역시 엄연히 건축양식 사조 가운데 하나이다. 그런데 문제는 건물이름을 벽-둘이라고 붙인 데에서도 알 수 있듯이 벽을 통한 현대건축의 진단을 주요 주제로 내걸었다. 그리고 이런 주제를 기하를 통해 표현하고 있다. 이것이 만족되기 위해서는 기하와 건축 사이에 적절한 전환이 요구된다. 벽-둘에서는 이런 전환이 일어나지 않고 있다. 따라서 기하 자체의 멋은 충분히 표현되고 있지만 이것이 건축어휘로 발전하지는 못하고 있다(그림 38). 혹은 기하 파생주의가 완결되지 못한 것으로 볼 수도 있다. 기하 파생주의와 기하 조형주의는 다른 것이기 때문이다. 기하 조형주의는 기하적 기하에 머무는 반면 건축 파생주의는 건축적 기하로 발전한다.

곽재환 대 김태집+김자호

3

겹기하와 틈새

원형과 파생(2) : 분할과 중복

기하의 원형성과 파생성은 반드시 양자택일의 문제만은 아닐 수 있다. 이 둘을 양자택일의 대립적 개념으로 보는 것은 건축적 분화를 원형성의 훼손으로 이해하기 때문이다. 기능을 담고 현실을 닮으면서 기하가 건축으로 발전하기 위해서는 일정한 분화가 필요하다. 이러한 분화의 대표적인 경우는 기하원형 단위를 변형시키는 것이다. 자르고 나누며 끼우고 뒤트는 등의 조형처리를 의미한다. 이 과정에서 기능과 현실을 담을 수 있는 파편과 여백이 생긴다. 기하로부터 건축조형 단위가 파생되는 것이다. 기하를 파생성의 개념으로 운용하여 건축어휘로 발전시키는 입장이다.

기하 원형성은 이러한 파생성과 제로섬zero sum의 관계에 있게 된다. 파생성이 커지면 원형성은 당연히 줄어들게 되며 그 반대로 원형성을 지키려다보면 파생성이 충분히 확보가 안 되는 것이다. 뿐만 아니라 최소한계와 최대한계의 개념도 적용된다. 파생성에 치중하더라도 이것이 혼성이나 복잡계로 넘어가지 않고 기하주의에 머물기 위해서는 지켜져야 할 최소한의 원형성이 있다. 이것은 곧 파생성의 최대한계가 존재한다는 의미이다. 제로섬, 최소한계, 최대한계의 세 가지 조건을 하나로 묶는 것은 최적이라는 개념이다. 세 조건 사이에서 적당히 밀고 당기다가 가장 적합하다고 생각되는 상태를 선택하는 것이다.

앞에서 살펴본 기하 조형주의나 기하 파생주의는 모두 파생성의 최대한계에 초점을 맞춘 경우로 볼 수 있다. 이런 입장은 최소공배수의 개념에 유추될 수 있다. 기하의 조형적 가능성을 배수개념으로 확장하는 건축관을 추구하되 그 한계를 지키겠다는 의도이다. 원형성과 파생성 사이의 공존 가능성을 기하의 기본가치를 확산시키는 방향에서 찾으려는 입장이다. 파생성은 공배수의 개념으로 확장됨과 동시에 원형성은 이러한 확장의 한계를 최소개념으로 한정하는 이중적 작동이 일어난다. 예를 들어 두 개의 기하가 겹쳐질 때 이 두 기하 모두를 포함하는 확장된 조형세계를 취하겠다는 건축관을 의미한다. 이때의 겹침은 충돌로 정의된다. 기하적 에너지를 밖으로 확산하는 것으로 보겠다는 원심적 조형관이다.

『기하와 건축』에서 살펴본 기하 원리주의는 원형성의 최소한계에 초점을 맞춘 경우로 볼 수 있다. 이런 입장은 최대공약수의 개념에 유추될 수 있다. 기하의 조형적 가능성을 약수 개념으로 축소하는 건축관을 추구하되 그것을 지나치게 하지 않겠다는 의도이다. 원형성과 파생성의 공존 가능성을 기본 기하단위의 조형성 내에서 찾으려는 입장이다. 원형성은 공약수의 개념으로 축소됨과 동시에 파생성은 이러한 축소의 한계를 최대 개념으로 한정하는 이중적 작동이 일어난다. 예를 들어 두 개의 기하가 겹쳐질 때 이 두 기하 사이의 공통집합 부분만을 취하겠다는 건축관을 의미한다. 이때의 겹침은 중첩으로 정의된다. 기하적 에너지를 안으로 집중시키겠다는 구심적 조형관이다.

기하를 이용하여 현실에 가까이 다가가려는 건축관에는 앞의 두 입장 가운데 전자의 입장이 더 효율적일 수 있다. 현실에 가까이 간다 함은 기본적으로 기능과 행태를 다양화시켜 해석함을 의미하고 이것은 다시 건축공간의 복합성을 요구한다. 기하가 많이 분할될수록 이러한 복합성을 만족시킬 가능성은 높아진다. 분할은 기하 파생주의의 조형전략에 속한다. 그러나 이런 방법만 있는 것은 아니다. 기본 기하형태를 중첩시키는 방법도 있다. 일종의 겹기하이다. 이러한 중첩과정에서 틈과 조각공간이 파생될 수 있기 때문이다. 기하의 원형성은 지키면서 분할과 유사한 효과를 동시에 얻을 수 있다. 물론 이 과정에서 기하의 순도는 떨어지게 된다. 기하 원리주의와 같은 초월성은 지켜지기 어렵다. 그러나 적어도 형태윤곽에 있어서만은 일정한 원형성이 지켜질 수 있다. 곽재환의 대건 빌딩과 김태집+김자호의 동국대 상록원은 이런 내용을 잘 보여주는 예이다.

대건 빌딩 : 원은 사각형을 감싸고

대건 빌딩은 원과 사각형이라는 두 개의 기하 원형단위가 중첩되면서 구성된다. 원은 온전한 형태로까지 못 간 채 1/4상태에서 머물고 있지만 원의 존재를 느낄 수 있을 만큼의 원형성은 확보되어 있다. 곡면이라기보다는 확실히 원에 가깝다. 사각형도 반듯한 원형상태로 쓰이고 있다. 일층에서 땅과 마주치는 지점에 서비스 기능을 만들기 위해 작은 사각형 조각들이 더해져 있을 뿐 그 위쪽의 기준층은 반듯한 사각형 하나가 한 층의 이용공간을 형성하

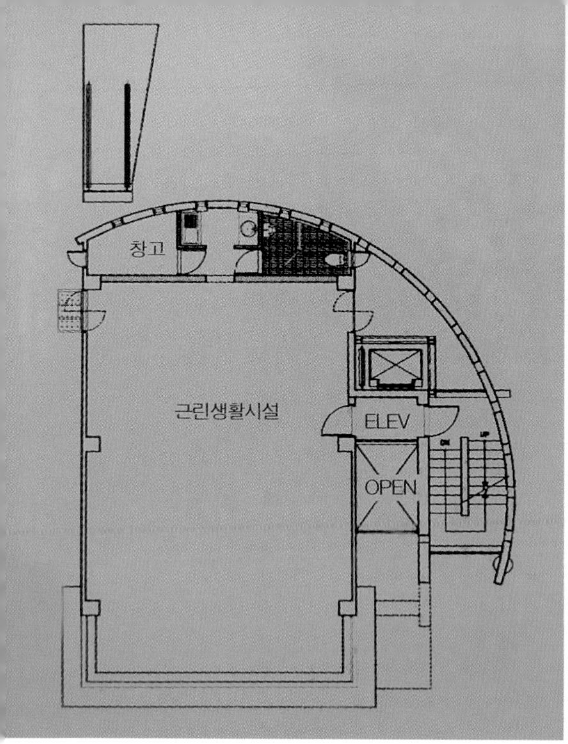

고 있다. 전체 구성은 원이 사각형을 감싸는 전형적인 겹기하의 형상을 하고 있다(그림 39). 원과 사각형은 한 군데에서도 마주치지 않고 있다. 사각형 밖으로 약간의 틈새를 가지며 원이 사각형을 둘러싸는 구성이 일어나고 있다.

그림 39
곽재환, 대건 빌딩, 2층 평면도, 서울, 1997

그림 40
곽재환, 대건 빌딩, 서울, 1997

원과 사각형의 도형적 특징은 건축적 기능효율에 맞춰 사용되고 있다(그림 40). 공간효율이 높은 사각형에는 실제 사용되는 실이 배치되어 있다. 시각효과와 공간 체험효과가 높은 원은 건물의 윤곽 및 이동기능을 담당하고 있다. 이런 특징에 맞게 사각형은 고형체를 이루는 반면 원은 껍질, 즉 면 상태로 형성되어 있다. 고형체로 구성되는 사각형은 구체적 결정능력을 갖는다. 이런 능력은 각층의 실제 사용공간을 담는 기능과 합치된다. 면으로 구성되는 원은 건물의 바깥경계를 그으면서 안쪽으로는 사각형과의 사이에 틈새와 여백을 만든다. 이런 능력은 건물의 안과 밖에 개성

그림 41, 42
곽재환, 대건 빌딩, 서울, 1997

강한 조형성을 주는 원의 기능과 합치된다.

이같은 대건 빌딩의 구성에는 기하차용을 둘러싼 원형과 파생 사이의 양면적 공존이 잘 나타나고 있다. 기하 원형성을 지키되 이것을 원리주의로 몰고 가는 것이 아니라 파생주의와 공존시키겠다는 의도이다. 반대로 얘기하자면 기하 파생주의를 추구하되 지나친 조형조작이 아닌 원형단위를 중첩시키는 방식으로 하겠다는 의도이다. 이런 양면성은 기하 원형단위에 건축적 기능을 대응시킨 후 여기에 주변환경과 어울리는 조형조작을 가하는 두 단계의 과정을 거쳐서 얻어진다.

기하 원형성은 기본 기하단위를 중첩시켜 얻어지는 겹기하의 특성을 통해 지켜진다. 겹기하라는 개념은 기본적으로 기하 원형성을 가능한 한 지키면서 원형단위의 중첩에서 파생되는 여백공간을 활용하겠다는 건축관을 내포한다. 대건 빌딩에서도 이런 내용이 잘 나타나고 있다. 사각형과 원은 일차적으로 앞에서 언급한 바와 같이 각자의 원형상태를 잘 유지하면서 그에 맞는 건축적 기능을 수행한다. 이와 동시에 이 두 도형이 겹쳐지면서 생기는 여백에는 온갖 서비스 기능이 집중되어 있다. 계단과 엘리베이터 등의 수직 이동 기능, 각층의 실로 진입하는 출입구, 창고와 화장실 등의 2차시설, 물탱크 같은 공공설비 등이 위치한다. 좁은 틈새를 비집고 이같은 많은 기능들이 차곡차곡 담겨 있다(그림 41, 42). 그래도 남는 조각공간은 위아래가 뚫린 상태로 두어 건물의 숨통을 트이게 해준다.

사각형과 원이 겹쳐지면 효율적 공간은 나오지 않는다. 공간 사용하기가 힘든 비정형 조각공간만이 나오기 십상이다. 큰 건물이면 모르겠지만 대건 빌딩 정도의 규모에서는 온전한 하나의 방이 나오기도 힘들다. 원형 기하단위를 중첩시킬 때 발생할 수 있는 문제점이다. 소위 말하는 틈새의 한계 같은 것이다. 대건 빌딩에서는 이러한 틈새부분에 여러 서비스 기능들을 잘게 쪼개어 알뜰하게 배치함으로써 그 한계를 잘 극복하고 있다. 이상과 같은 대건 빌딩의 기하사용 경향은 앞에서 언급한 최대공약수의 개념을 잘 보여주고 있다. 건물의 모습이나 체험되는 공간 조형성 역시 최대공약수의 개념에 부합되는 것으로 보인다.

물론 대건 빌딩도 한쪽 면에는 사각형의 특성이 그리고 또다른 쪽 면에는 원의 특성이 나타나면서 두 가지 도형의 특성을 동시에 갖고 있기는 하다. 또한 상층부에는 원형 벽을 뚫고 조형변화가 심한 처리가 돌출해 있기도 하다. 이런 내용들은 모두 확산적 경향이다. 그러나 대건 빌딩은 확산적이지 않다. 전체적 조형총합에 있어서 그렇다는 의미이다. 대건 빌딩에서의 확산적 경향은 이것이 전부이다(그림 43). 전체적 특징은 이와 반대로 축소적 잠금의 방향으로 나타난다. 사각형과 원이라는 두 가지 도형이 쓰이고 있지만 그 기하적 특성은 한 방향으로 모아지고 있다. 두 도형의 특성을 서로 구별되는 것으로 본 뒤 그 각각을 극단화시키는 확산적 경향은 나타나지 않는다. 이와 반대로 두 도형은 절제와 안정이라는 공통 특성을 갖는 것으로 해석되고 있다.

대건 빌딩에서 원과 사각형은 서로 닮은 모습으로 그려진다. 원과 사각형은 한 가지 분위기를 만들면서 확산감보다는 집중감이나 통일감을 전체적 특징으로 갖는다. 사각형과 원이 만나고 있지만 각자의 윤곽을 깔끔하게 지키면서 그 밖으로의 확산은 자제하고 있다. 두 도형이 어울리는 모습을 보더라도 서로간에 관입이 전혀 없는 상태에서 원이 사각형의 두 면을 밖에서 에워싸는 형국을 이루고 있다. 또한 상층부에 가해진 조형처리 역시 크기나 조형가에 있어서 주도적 역할을 하는 것으로 보이지는 않는다. 양념 같은 보조역할이나 지루함을 더는 액센트 역할 정도에 머물고 있는 듯 보인다. 건축적 집중은 두 도형이 만나서 생기는 사이 공간에 집중되고 있다. 전체적으로 구심적 집중력이 주도하고 있다. 사각형과 원의 원형윤곽을 공약수의 개념으로 지키는 한계가 분명히 제시되고 있다.

대건 빌딩은 이처럼 기하 자체를 사용하는 데 있어서 원형성을 지키려는 시도를 보여준다. 그러나 이런 시도는 원리주의적 입장으로 발전하지는 않는다. 겹기하라는 전략 자체가 이미 원리주의의 한계를 벗어나는 개념이다. 나아가 기하를 이용한 건축적 의미를 정의하는 데 있어서 파생주의적 입장이 동시에 나타나고 있다. 특히 주변환경에 대한 입장에 있어서는 더욱 그러하다. 원형성을

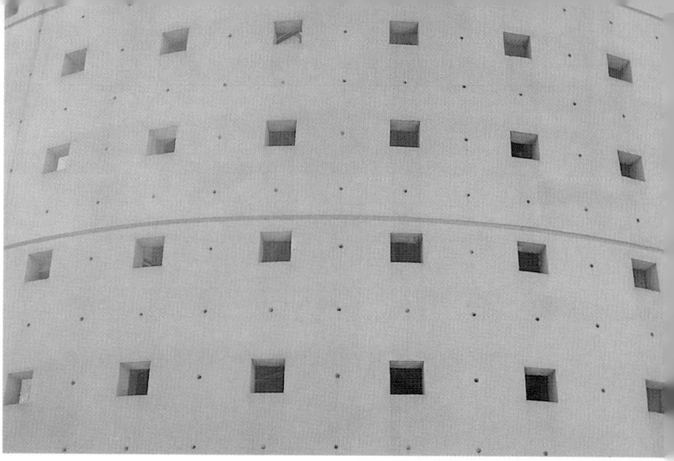

그림 43, 44
곽재환, 대건 빌딩, 서울, 1997

지키면서 현실환경과 어울리려는 양면적 입장이 기하 조형주의의 개념에 의해 표현되고 있다.

원을 사용한 벽 처리는 이런 내용을 잘 보여준다. 이 벽에는 작은 정사각형 구멍이 규칙적으로 반복되며 뚫려 있다. 그 크기가 매우 작기 때문에 원의 기하윤곽을 잘 지키고 있다. 그러나 이와 동시에 그 갯수가 많기 때문에 밖과 내통하는 숨통 구실을 충분히 해내고 있다. 곡면 안쪽에서 계단을 오르내릴 때 이 구멍을 통해서 밖의 동네 풍경이 수많은 단편으로 쏟아져들어온다(그림 44). 밖에서 보았을 때도 건물은 숨구멍을 통해 날숨과 들숨을 주고받고 있음을 알 수 있다(그림 45). 이쪽과 저쪽이 단절되어 있지 않았음을 주장하는 최소한의 증거 같은 것이다. 부분적으로 가해진 기하 조형주의는 이런 내용을 보강시켜준다. 사각형 매스는 땅과 접촉하는 저층부에서 따내기가 가해지고 있다(그림 46). 상층부에서는 베란다가 원형圓形 벽을 뚫고 돌출하여 있다. 옥상에서는 벽체에 조각적 분위기의 조형처리가 가해져 있다(그림 47).

이상과 같은 기하 조형주의 처리를 통하여 기하 원형성은 일정 부분 훼손된다. 이것이 대건 빌딩에서의 기하사용이 원리주의가 아닌 이유이다. 그러나 동시에 이러한 훼손은 일정 범위를 넘어서지 않고 있다. 원형성의 범위 내에서 행해지고 있다. 이것이 대건 빌딩을 기하 조형주의만으로 볼 수 없는 이유이다. 대건 빌딩은 이처럼 원리주의와 조형주의 사이의 중간상태에 머물고 있다. 대건 빌딩에서 가해지는 이러한 훼손은 기하가 도형에 머물지 않고 건축적 의미를 획득하면서 건축어휘로 발전하기 위한 최소한의 각색으로 이해된다(그림 48).

예를 들어 원과 사각형 사이의 틈새부분에 들어가는 계단은 주변환경에 대한 개방성을 확보함으로써 기하도형에 건축적 의미를 부여하고 있다. 대부분의 근린 생활시설은 중앙 출입구 한 곳을 통하여 실내에 들어온 뒤 각층의 실로 접근하도록 되어 있다. 이

그림 45, 46
곽재환, 대건 빌딩, 서울, 1997

그림 47, 48
곽재환, 대건 빌딩, 서울, 1997

런 상태에서는 중앙 출입구 한 곳만 통제하면 주변과는 완전 단절이 일어나게 된다. 대건 빌딩에서는 이와 달리 아직 옥외상태에 있는 계단을 통하여 각층으로 개별 진입을 할 수 있다. 계단은 옥외상태에 있기 때문에 출입통제가 안 되며 따라서 각층과 주변과의 단절은 원천적으로 불가능하게 되어 있다. 이런 처리를 통하여 각층은 주변환경과의 연속으로 정의되고 있다. 계단을 오르며 원형 벽에 뚫린 구멍을 통하여 밖과 주고받는 호흡은 이런 내용을 보강시켜준다.

동국대 상록원 : 삼각형은 원을 자르고

동국대 상록원 역시 겹기하구성의 또다른 예에 해당된다. 동국

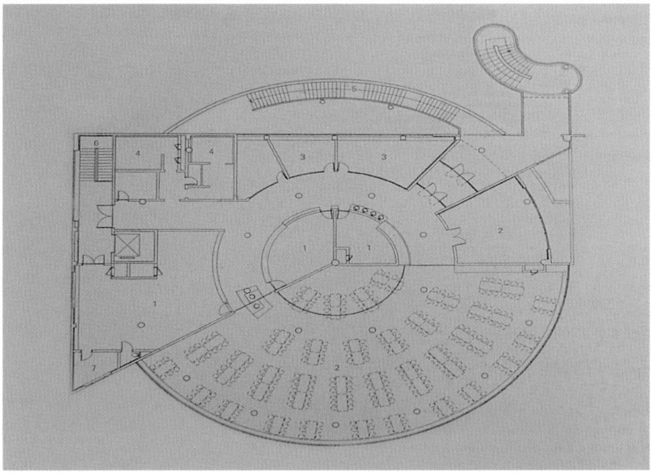

그림 49
김태집+김자호, 동국대 상록원,
3층 평면도, 서울, 19991

대 상록원 역시 두 개의 도형을 중첩시킨 점에서 대건빌딩과 유사한 구성을 갖는다. 그러나 구체적 처리에서는 차이가 있다. 우선 두 개의 도형부터 다르다. 동국대 상록원은 삼각형과 원을 중첩시킨 겹기하의 구성을 하고 있다. 겹기하의 구성방식에 있어서도 삼각형이 원을 찌르는 처리가 쓰이고 있다(그림 49). 혹은 삼각형이 원을 자르는 것처럼 보이기도 한다. 다소 도발적인 구성이다. 원과 삼각형을 함께 사용하는 방식에는 여러 가지가 있을 수 있는데 그 가운데 비교적 자극이 심한 구성이 쓰이고 있다. 이것은 삼각형의 예각적 특성을 살리려는 의도로 보인다.

원이 삼각형을 감쌀 수도 있었겠지만 대지의 지형적 조건이나 프로그램 구성 등으로 보았을 때 지금의 상태가 타당해 보이기도 한다. 식당을 담을 수 있는 큰 기하가 필요했을 것이고 대지면적은 충분하지 않아 보인다. 이런 상태에서 도형 사이에 여백이 많이 나오는 감싸기 구성은 무리였을 것이다. 이 때문인지 도형 자체에 대한 집중도에 있어서도 직설적이고 직접적인 기하차용 경향을 보여준다. 동국대 상록원이 갖는 기하적 의미는 두 가지 관점에서 파악될 수 있다. 한 가지는 이러한 기하구성 자체가 갖는 개체적 조형성이다. 다른 한 가지는 기하구성이 대학 캠퍼스라는 주변환경 속에서 갖는 집단적 어울림의 가치이다.

기하구성 자체가 갖는 개체적 조형성을 보자. 원은 식당에 그리고 삼각형은 서비스 공간에 각각 대응된다. 삼각형에 의해 잘리고 남은 1/2원이 식당으로 쓰이고 있는데 원의 곡면이 살아 있기 때문에 충분히 원으로 느껴지고 있다(그림 50). 이러한 대응은 적절해 보인다. 대형 식당 기능을 담아야 하기 때문에 비교적 온전한 기하 형태가 필요했을 것이고 원이 그 역할을 담당하고 있다. 원은 또한 남산 기슭의 자연환경을 면하고 있는데 이런 처리 역시 적절해 보인다. 원은 가장 넓은 조망면적을 만들어내는 기하이기 때문이다(그림 51).

그림 50, 51
김태집+김자호, 동국대 상록원, 서울, 1999

동국대 상록원도 대건 빌딩과 마찬가지로 기하를 사용하는 개체적 조형성에서 원형성과 파생성의 양면적 특성이 발견된다. 원형성은 주로 원에 의해서 그리고 파생성은 삼각형에 의해서 각각 추구된다. 원은 원형성을 추구하는 도형이기 때문에 형태의 온전성이 지켜지고 있다. 이 때문에 동국대 상록원에서 눈에 뜨이는

그림 52, 53
김태집+김자호, 동국대 상록원,
서울, 1999

기하형태는 원밖에 없어 보인다. 삼각형과 원의 두 도형이 쓰였지만 전체 형태에는 원의 특징만 나타난다. 삼각형은 파편상태로 숨어 있다. 파생성을 담당하는 도형이라고 해서 반드시 파편상태로 숨어야만 하는 것은 아니나 동국대 상록원에서는 이런 방식이 쓰이고 있다.

동국대 상록원은 삼각형이 원을 찌르는 도발적인 구성을 하고 있지만 도발성은 충분히 발전되지 않고 있다. 삼각형은 도발적 분위기를 보강할 수 있는 도형적 특징을 갖지만 이런 특징은 전혀 차용되지 않고 있다. 이런 점에서 사각형과 원의 두 가지 도형특성 모두가 잘 표현된 대건 빌딩과 다르다. 동국대 상록원에서 삼각형은 도면상으로만 그 존재가 확인된다. 실제 건물외관이나 공간체험에 있어서 삼각형은 철저히 가려진다. 삼각형은 조형적 목적보다는 코어를 담을 기능적 목적에서 차용된 것으로 보인다. 원 속에 파묻히면서 삼각형의 날카로운 조형성은 무디어져 있다(그림 52).

삼각형과 원은 기본 기하형태 가운데 상반되는 도형적 특성을 갖는다. 원은 완전무결의 안정성을 상징하는 반면 삼각형은 활동적 가변성을 상징한다. 이 때문에 두 도형의 특성을 동시에 표현할 경우 강한 대비구도가 형성된다. 그러나 동국대 상록원은 이런 구도를 피해가고 있다. 적어도 형태외관에 있어서 상반되는 두 특성 가운데 삼각형의 것을 상쇄시키면서 원의 것만을 살리는 방향으로 전개하고 있다. 삼각형이 원을 찌르고 지나가면서 원은 둘로 갈라진다. 그러나 한쪽은 1/2원을 유지하면서 원의 기하적 특성은 지켜내고 있다. 원의 원형성이 지켜지고 있음을 의미한다. 이 부분이 남산을 향하여 넓은 조망면적을 갖는 각층의 식당이다.

삼각형은 나머지 1/2원 부분을 자르고 지나간다. 이 때문에 다른 쪽 면에서는 삼각형의 밑변 밖으로 원호조각이 남는다. 이 원호조각은 곡면 벽으

그림 54
김태집+김자호, 동국대 상록원, 서울, 1999

로 나타난다(그림 53). 곡면 벽은 일정 길이가 계속되면서 반대편의 1/2원과 연상적 연관성을 형성한다. 결과적으로 이 곡면은 원의 일부로 인식되면서 건물 전체가 원형 모티브로 구성되었음을 알게 해준다. 이 벽은 '내부의 흔적으로 남아 있던 원의 궤적'이 전환된 것으로 해석될 수 있다. 건축가는 이 벽이 '완성된 도형의 완결성을 깨뜨리기 위한' 목적을 갖는다고 설명하고 있다. 그러나 이런 설명은 도면상에서만 유용해 보인다. 이보다는 실내에서 보고 나왔던 반원에 더해져 이것을 하나의 온전한 원으로 연상시켜주는 기능을 한다(그림 54). 곡면 벽을 따라 두 개 층을 오르는 계단은 일종의 겹 곡면을 형성하면서 원형 모티브의 연상작용을 돕는다(그림 55). 전체적으로 파손되지 않은 온전한 원이 건물의 조형성을 주도하고 있음을 알 수 있다. 이런 느낌은 건물에 원형성을 형성하

그림 55
김태집+김자호, 동국대 상록원,
서울, 1999

여 하나의 큰 원이 그려지게 한다.

그러나 삼각형의 도형적 특성이 완전히 감추어진 것은 아니다. 삼각형은 숨겨진 상태에서 부분적으로 자신의 도형적 특성을 드러낸다. 이러한 삼각형의 조형성은 몇 가지 어휘를 통해 표현된다. 먼저 예각을 들 수 있다. 삼각형의 몸통이 원 속에 묻히면서 한쪽 꼭지점이 예각의 모서리 형태로 원 밖으로 돌출하고 있다(그림 56). 이 모서리는 삼각형의 일부분보다는 예각의 기하 파편 조각으로 인식된다. 삼각형이 원을 자르고 지나가면서 형성되는 두 도형의 충돌지점에서도 예각의 기하적 조형성이 나타난다. 활 모양의 원호조각 같은 것이다(그림 57).

그림 56, 57
김태집+김자호, 동국대 상록원, 서울, 1999

예각성은 사선파편으로 발전한다. 삼각형으로 형성되는 부분은 위아래 층이 다르게 구성되고 있다. 이런 엇갈림은 의도적인 것으로 보인다. 삼각형이 수직으로 다르게 중첩되면서 파생되는 파편

조각을 취하기 위해서이다. 이런 파편은 사선이 어지럽게 교차하는 방식으로 처리되어 있다(그림 58). 원의 둥근 벽에 대비되어 삼각형의 사선어휘는 긴장감을 불러일으킨다. 원형성에 대비되는 파생성의 직설적 표현이다. 이런 사선은 베란다와 가벽, 난간과 보 등의 건축어휘를 이용하여 표현되고 있다. 공간은 조각난 상태에서 겹쳐지거나 교차한다(그림 59).

그림 58, 59
김태집+김자호, 동국대 상록원, 서울, 1999

계단실의 표현주의 어휘 역시 삼각형의 조형성에서 파생된 것으로 보인다. 이 계단실은 곡면으로 형성되지만 이것은 더이상 곡선으로 읽히지 않는다. 곡선이 곡선으로 읽히기 위해서는 일정한 길이가 계속되면서 안정성을 확보하여야 한다. 그러나 동국대 상록원의 계단실에 쓰인 곡선은 그러하지 못하다. 그보다는 급하고 불안하게 변하는 선형파편에 가깝다. 이런 상태의 곡선에서는 우연이나 돌발 같은 표현주의적 조형성이 느껴진다(그림 60). 이런

그림 60, 61
김태집+김자호, 동국대 상록원, 서울, 1999

조형성은 삼각형과 잘 부합되는 것들이다. 곡선이 쓰이고 있지만 조형적 결과에 있어서는 삼각형에 더 가깝게 느껴지는 것이다(그림 61).

삼각형에 대한 이같은 조형적 해석은 원과 곡선이 전체 분위기를 주도하고 있는 가운데 그 사이사이에 삼각형의 존재를 표현하려는 의도로 이해된다. 삼각형은 온전한 형태로 표현되지 않는 대신 단편적 상태에 의해 그 존재가 강하게 암시되는 방식으로 쓰이고 있다. 이러한 삼각형의 존재는 기하의 파생성을 결정한다. 동국대 상록원에서의 파생성도 원형성에 대한 보완적 이항의 관계를 갖는다. 그러나 동국대 상록원에서의 파생성은 주변환경과의 어울림보다는 순수 조형성을 목적으로 갖는다. 삼각형에서 파생된 조형어휘들은 건물 곳곳에 자극적 시각요소를 만들어내면서 건물에 조형적 볼거리를 제공한다. 그러나 이것이 전부이다. 이런 어휘들은 주변환경에 대한 건축적 입장을 밝히지 않고 있는 것으로 보인다.

일단 캠퍼스라는 환경 속에서는 조형변화만으로 환경적 어울림을 갖는다고 보기 어렵다. 시내 가로에 건물이 놓이는 경우와는 다르기 때문이다. 동국대 상록원에서 주변환경과의 어울림이 요구되는 부분은 두 군데이다. 남산을 향한 식당 부분과 옆 건물과 마주치는 출입구 부분이다. 그런데 이 두 부분에는 모두 온전한 윤곽을 갖는 원이 쓰이고 있다. 앞에서 보았듯이 남산을 향한 면에서는 이런 처리가 타당하다. 문제는 옆 건물과 마주치는 출입구 부분이다. 이 부분에서도 원의 원형성을 지키려 했고 그 결과 도형적 훼손을 최소화한 원의 원형단위가 쓰이고 있다(그림 62). 주변환경과 어울려야 하는 부분에 원형성이 지켜진 기하단위가 쓰이면서 일단 물리적 차원에서 소통이 단절되고 있다.

그림 62
김태집+김자호, 동국대 상록원, 서울, 1999

그림 63
김태집+김자호, 동국대 상록원, 서울, 1999

옆 건물과 사이에는 조그마한 마당이 있고 벤치가 여러 개 놓여 있다. 벤치에 앉으면 곡면으로 휘어진 높은 원형 벽이 앞을 가로막고 있다(그림 63). 원형성을 지키려다보니 넓고 긴 곡면 벽에 수직방향으로 작은 홈만 하나 뚫려 있을 뿐이다. 벽 뒤 공간과의 내통은커녕 그 속의 건물 모습이 어떻게 생겼는지조차 알 길이 없다. 오히려 기하 원형성에 의한 초월적 의도가 느껴진다(그림 64). 노출 콘크리트의 차가운 인상은 이런 느낌을 배가시킨다.

원형성은 주변에 대해 어쩔 수 없이 초월적 입장을 갖는다. 이 건물에서도 같은 일이 일어나고 있다. 매끈한 한 장의 곡면을 세우는 것으로 마당에 새로운 공간의 켜가 형성된 것으로 볼 수도 있으나 사실은 강한 단절만이 일어나고 있다. 곡면 뒤에 대나무를 심는 등 다른 세계를 만든 뒤 이것을 벽으로 가렸다 갑자기 보여주는 충격효과를 노렸을 수도 있다. 그러나 이 건물에는 이런 처리보다는 벽을 허물고 주변과 하나되는 어울림이 더 어울려 보인다.

건물의 기능이 그러하다. 신비주의적 충격효과를 쓰기에는 건

그림 64
김태집+김자호, 동국대 상록원, 서울, 1999

물기능이 너무 실용적이다. 주변 마당과 벽의 크기도 그러하다. 이런 식의 신비주의적 충격효과는 먼 거리에서 큰 벽을 본 뒤에 제시되어야 제격이다. 그러나 동국대 상록원의 경우에서는 둘 다 모두 너무 작다. 동선의 흐름도 그러하다. 동선은 이 벽면을 보지 않고 처음부터 옆에서 벽면 속으로 곧바로 진입하게 되어 있다(그림 65). 이 벽면이 노리는 충격효과를 감상하기 위해서는 일부러 밖으로 나와야 한다. 그러나 안쪽의 장면은 이미 보아버렸다. 이런 상태에서 충격효과는 크게 감소할 수밖에 없다. 동선의 양도 이런 충격효과를 감상하기에는 너무 많다. 이 모든 것들은 이 벽을 그저 강한 단절로 느끼게 할 뿐이다.

학교 캠퍼스의 후미진 곳에 기분 좋은 마당이 하나 있다. 이런 공간을 주변에 갖는다는 것은 매우 유리한 환경에 속한다. 이것을 살려 건물의 일부분으로 편입시켰으면 하는 아쉬움이 남는다. 마당과 하나가 되고 다시 이것을 매개로 옆 건물과 하나가 되는 연쇄작용이 기대될 만한 환경이다. 이런 역할을 기하가 할 수 있었

그림 65
김태집+김자호, 동국대 상록원, 서울, 1999

을 것이다. 진정한 의미에서 기하의 파생성이 할 수 있는 역할이었을 것이다. 그러나 기하 파생성은 조형조작에 머물고 환경과의 어울림은 원형성이 담당하고 있다. 기하는 자신의 완결성에 집중하고 있고 주변과는 단절이 일어나고 있다.

김태집+김자호 대 유건

4

기하와 맥락

동국대 정보문화관 : 재료와 기하 맥락주의

김태집+김자호의 동국대 정보문화관은 여러 면에서 동국대 상록원과 비교될 만하다. 동국대 정보문화관도 대학 캠퍼스를 대지 환경으로 갖는다. 또한 기하를 주요 매개로 차용하고 있다. 기하를 다루는 입장 역시 원형성과 파생성 사이에서 고민하고 있다. 이런 내용들은 모두 동국대 상록원과 유사점을 갖는다. 같은 건축가에 의해서 같은 캠퍼스 내에 지어졌다는 사실은 유사성을 배가시킨다. 그러나 기하를 다룬 구체적 내용에서 두 건물은 다르다. 나아가 기하가 갖는 의미 및 기하가 지향하는 바도 두 건물은 다르다. 이런 차이점은 특히 동국대 정보문화관 A동에 잘 나타나 있다.

동국대 정보문화관 A동은 원호와 직사각형이 나란히 등을 맞대고 병렬한 구성을 갖는다(그림 66). 이 가운데 직사각형은 원호에 가려서 보이지 않는다. 도로 쪽에서는 원호의 둥근 곡면과 그 한쪽 끝에 첨가된 두 개의 작은 육면체만이 보인다. 이 두 개의 작은 육면체는 출입구 홀과 계단실을 각각 담는다(그림 67). 원호와 그 뒤에 가려진 직사각형에는 각실들이 배치된다. 동국대 정보문화관 A동의 기하사용에도 원형성과 파생성의 양면적 내용이 나타난다.

원형성은 이번에도 온전한 기하윤곽을 지키는 방향으로 시도된다. 그러나 약간의 차이는 있다. 이 건물에서 기하는 구체적 도형윤곽보다는 정형성의 개념으로 정의된다. 특히 원호부분이 그러하다. 아직 원으로 느껴지기에는 곡률이 부족해 보인다. 그럼에도 불구하고 중간에 훼손된 부분 없이 매끈하게 지속되는 곡선은 원의 원형성을 암시한다(그림 68). 도형의 조형가에 있어서는 원과 동일한 크기를 가질 수도 있다. 큰 덩어리로 잘라진 윤곽은 잔 변화 없이 기하 원형상태를 암시하고 있다. 작은 육면체 두 개도 그러하다. 직각의 정형적 멋을 통해 육면체의 반듯한 느낌이 잘 지켜지고 있다(그림 69).

그림 66
김태집+김자호,
동국대 정보문화관, 서울, 1999

이러한 원형성은 초월적 의지보다 단정한 몸가짐으로 느껴진다. 위압감은 없으며 일정한 친숙함을 느끼게 해준다. 두 개의 육면체는 크기부터 친밀감을 주고 있으며 휴먼 스케일로 분절되어 있다. 원호는 길이가 다소 길기는 하지만 높이가 높지 않고 역시 휴먼 스케일로 분절되어 있으며 경사진 도로를 따라 완만한 곡선을 그리고 있다. 실내에서도 마찬가지이다. 기하적 윤곽으로 한정

되는 방들이 여럿 있지만 단정하면서도 거리감 없는 모습으로 처리되어 있다(그림 70). 이처럼 원형성의 처리 자체에서 친밀감의 요소가 많이 발견된다. 그러나 이것만 있는 것은 아니다. 적절한 파생성의 처리는 원형성이 친밀하게 느껴지는 더 큰 이유이다. 동국대 정보문화관 A동에서 기하의 파생성은 세 단계로 작동한다.

그림 67, 68, 69
김태집+김자호,
동국대 정보문화관, 서울, 1999

첫번째 단계는 다양한 재료사용이다. 동국대 정보문화관 A동에서는 다양한 재료들이 혼용되고 있다. 이때 혼용은 기하단위 하나에 재료 한 가지를 대응시키는 방식으로 처리되고 있다. 원호에는 벽돌이, 출입구 홀의 육면체와 직사각형에는 유리와 금속 바[bar]가, 계단실에는 노출 콘크리트가 각각 배당되어 있다. 이러한 일 대 일 대응에 더하여 원호에서는 세 재료 사이의 교합도 일어나고 있다. 원호의 뒤쪽 끝부분에는 벽돌 이외의 나머지 두 재료인 유리

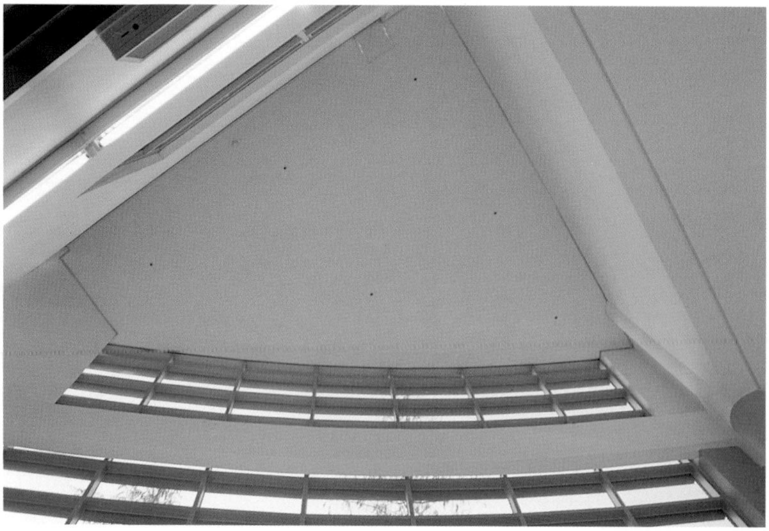

그림 70
김태집+김자호,
동국대 정보문화관, 서울, 1999

와 금속 바 및 노출 콘크리트가 함께 쓰이고 있다. 원호 몸통의 일부분을 유리와 금속 바가 파고드는 형국을 하고 있으며 그 끝에 노출 콘크리트 가벽이 날개처럼 붙어 있다(그림 71). 원호가 이 건물에서 가장 큰 매스이기 때문에 벽돌 한 가지만으로 처리될 경우 세 재료 사이의 불균형이 일어날 수 있다. 이것은 진정한 의미에서의 재료혼용이 아닐 수 있다. 재료교합은 이런 불균형을 피하려는 의도에서 나온 것으로 보인다(그림 72).

두번째 단계는 적절한 건축적 처리이다. 각 기하단위는 대표 재료 한 가지씩을 배당받음으로써 서로간에 차별성을 확보하고 있다. 재료 다룸은 가장 기본적인 건축처리이다. 단순한 조형성이 아닌 건축적 처리에 의해 기하들이 각자의 정체성을 확보하고 있다. 기하가 도형에서 벗어나 건축어휘로 발전할 가능성의 실마리를 잡은 것으로 볼 수 있다. 재료를 단순 배당한 것이 아니라 각 재료가 갖는 기본특성을 살리도록 한 처리는 이런 가능성을 높여준다. 유리와 금속 바는 매우 깔끔하고 매끈하게 처리되면서 산업재료의 특성을 잘 살리고 있다(그림 73). 노출 콘크리트는 빛과 그림자의 대비효과를 기대할 수 있는 조형처리를 동반하며 사용되고 있다(그림 74). 벽돌은 접지감을 높이면서 부드럽고 인자한 분위기를 주고 있다.

각 재료의 이러한 기본특성은 도형의 성격과도 잘 어울린다. 벽돌의 부드럽고 인자한 분위기는 원호의 곡면과 합치된다. 유리와 금속 바의 산업성은 육면체의 깔끔한 직각과 합치된다. 노출 콘크리트가 만들어내는 음영은 군데군데 얼개를 푼 육면체와 합치된다. 이 모든 처리들은 기하의 파생성을 결정한다. 말 그대로 기하로부터 건축적 특성과 의미가 파생되기 시작하고 있다. 기하는 원형단위에서 벗어나 기능을 담고 사람과의 관계를 정립함으로써 건물로 발전할 수 있는 기초를 확보하고 있다.

세번째 단계는 맥락적 어울림이다. 기하의 파생성이 건축적 의미를 획득하며 건물로 완성되는 순간이다. 동국대 정보문화관 A동에서의 맥락적 어울림은 거시적 차원에서 일어나고 있다. 대지환경을 단순한 주변상황으로 보는 것이 아니라 하나의 맥락으로 규칙화하고 있음을 의미한다. 이러한 맥락은 캠퍼스 전체의 대표성으로부터 찾아진다. 동국대 정보문화관 A동 주변에는 직접 살을 맞대고 서 있는 주변환경은 없다. 따라서 일차적으로 고려할 주변건물이 없는 것이 된다. 그 대신 본관과 도서관의 독특한 조형어휘로부터 캠퍼스 전체를 대표하는 맥락성을 찾아낸다. 윈도프레임과 보를 수평선과 수직선으로 조형화시킨 어휘가 그것이다(그림 75). 수평선과 수직선이 각각 여러 겹 반복되면서 강한 대비를 이루고 이것은 다시 높은 긴장감을 건물 인상으로 형성한다.

동국대 정보문화관 A동에서는 이러한 수평선과 수직선을 주요 어휘로 차용하고 있다. 수평선은 원호 매스와 출입구 육면체에 그리고 수직선은 계단실 육면체에 각각 대표적 조형어휘로 쓰이고 있다(그림 76, 77). 본관과 도서관은 캠퍼스를 대표하는 핵심건물일 수 있다. 동국대 캠퍼스는 우연히도 이 두 건물이 유사한 조형어휘로 구성되고 있다. 이 어휘는 캠퍼스를 대표하는 거시적 차원의 맥락으로 정의될 수 있다. 이 두 건물은 또한 동국대 정보문화관 A동으로부터 가까운 거리에 위치한다. 거시적 차원의 대표성에 더하여 미시적 차원의 연상작용도 함께 가질 수 있음을 의미한다. 앞에서 본 재료 및 그것의 건축적 처리는 이러한 맥락적 어울림을 궁극적 목적으로 갖는다. 이것은 곧 기하 파생성이 그러하다는 것을 의미한다. 동국대 정보문화관 A동에서 기하 파생성은 도형을 건물로 발전시키는 데 성공하고 있는 것으로 보인다.

그림 71, 72
김태집+김자호,
동국대 정보문화관, 서울, 1999

그림 73, 74
김태집+김자호,
동국대 정보문화관, 서울, 1999

시상 빌딩 : 기하, 역설, 패러디

시상 빌딩은 대학 캠퍼스가 아닌 도심 속에서 기하를 이용한 맥락적 해석을 시도한 예를 보여준다. 시상 빌딩이 놓인 주변 환경은 강남의 전형적인 중저층 지역이다. 주택과 중저층의 근린 생활시설이 혼재하고 있다. 1980년대 시작된 강남 개발 초기의 분위기가 아직 남아 있다. 아파트나 고층 건물 혹은 유흥시설 등의 1990년대 이후 모습은 아직 나타나지 않고 있다. 1980년대의 전형적인 중저층의 라멘 박스형 건물들이 주조를 이루는 분위기이다. 이런 분위기는 이 지역만의 특징은 아닐 수도 있다. 서울 전역에 걸쳐서 가장 흔한 따라서 가장 대표적인 환경 모습이다.

이런 환경 속에서 시상 빌딩은 강한 정체성을 가지려는 의도를 초기조건으로 갖는다(그림 78). 건물의 정체성은 기하를 이용한 표현성을 통하여 시도된다. 기하의 표현성은 대비구도를 통하여 추구된다. 대비구도는 원형성과 파생성 사이의 양면성을 통하여 구체화된다. 이러한 양면성은 주변환경에 대한 맥락적 해석의 내용을 건축적 의미로 갖는다. 평범한 주변환경 속에서 자신을 드러내 보이는 자극적 정체성을 통해 맥락에 대한 건축적 해석을 시도하는 경우이다. 바꿔 얘기하면 시상 빌딩에서 기하를 통해 표현되는 자극적 정체성은 강한 인지도와 맥락적 해석이라는 두 가지 기능을 함께 갖는다.

건축에서 이러한 두 가지 기능은 상반된 것으로 얘기된다. 맥락적 해석이라 함은 흔히 주변과 조화를 이루어내려는 기본 목적을 갖는 것이 일반적이다. 맥락이라는 말 자체가 순응과 어울림의 의미를 전제조건으로 내포한다. 따라서 이때의 맥락적 해석은 주변과의 연속을 잘 이루어내는 건축방식을 찾으려는 시도를 의미한다. 이에 반해 시상 빌딩에서는 대비와 부조화, 독립감과 불안감 등의 반항적 조형성을 통해 맥락에 대한 해석을 시도하고 있다. 해석의 의미 또한 역설적 패러디를 주요 내용으로 갖는다. 이런 내용들은 기하와 건축 사이의 전환에 의해 표현되고 있다.

시상 빌딩에서의 역설적 패러디는 기하 원형성으로부터 시작된다. 기하 원형성은 원통형으로 대표된다. 원통형 단독으로 건물의 몸통을 구성하고 있다. 도형형태 자체로 보더라도 이 원통형은 온전한 완결성을 유지하고 있다. 원통형은 사각형으로 구성되는 주변

그림 75
동국대 본관

그림 76
김태집+김자호,
동국대 정보문화관, 서울, 1999

환경 속에서 스스로를 대비시키는 효과를 갖는다. 혹은 좀더 일반적으로 얘기해서 건물은 사각형으로 구성되어야 한다는 상식을 깨는 파격이다. 이러한 대비와 파격은 맥락의 상식에 반反하려는 의도를 추구한다. 사각형 혹은 육면체 건물로 대표되는 서울 주변환경의 단순한 조형성을 하나의 맥락으로 선정하고 이것에 대한 반발적 파격을 주장하고 있는 것이다(그림 79).

그림 77
김태집+김자호,
동국대 정보문화관, 서울, 1999

그림 78
유건, 시상 빌딩, 서울, 1993

이러한 접근은 원형성이 갖는 두 가지 대표적인 기능인 초월성과 파격성 가운데 후자를 택했음을 의미한다. 원형성은 불규칙한 혼재상황과 구별되는 완결성을 갖는다. 이러한 구별은 초월성과 파격성의 두 가지로 나타날 수 있다. 시상 빌딩의 원통형은 사각형으로 가득 찬 주변건물과 대비되는 파격성을 추구한다. 이러한 파격성은 건물의 기단부를 사각형으로 받치게 한 처리를 통해 배가된다. 이 사각형은 주변에서 흔히 볼 수 있는 평범한 육면체 건물 모양을 하고 있다. 원통형은 이 사이를 뚫고 솟구치듯 돌출하고 있다(그림 80). 일면 평범한 건물을 제압하려는 의지도 느껴지나 이것은 초월성으로까지 발전하지는 않고 있다. 이보다는 처음에 가정된 주변상황과의 대비적 구별에 더 비중을 두고 있는 듯하다. 주택가를 면한 원통형 뒤쪽 부분을 뾰쪽한 수직 매스로 처리하여 원통형과 대비시킨 처리는 파격성의 의도를 보강하고 있다(그림 81). 주변환경에 대해서 갖는 의도를 건물 스스로 안에서 반복적으로 표현하고 있는 것이다.

이상과 같은 파격은 현대도시의 지루한 주변환경에 대한 반발의 의미를 갖는다. 이때 지루함이란 두 가지 측면에서 정의된다. 한 가지는 기하 조형성의 관점에서 보았을 때 건물들이 모두 개성 없는 단순 육면체로 획일화된 상황을 의미한다. 이런 건물들로 가득 채워진 주변환경은 형태적 측면에서 지루할 수밖에 없게 된다. 다른 한 가지는 건축구조의 관점에서 보았을 때 라멘 구조가 독주하는 상황이다. 라멘 구조는 단순 육면체와 깊은 연관성을 갖는다. 효율의 신봉은 이런 연관성을 맺어주는 매개이다. 단순 육면체일수록 가장 많은 바닥면적을 가질 수 있다. 동시에 이것을 가장 빠른 시일과 가장 저렴한 가격에 지어주는 건축방식이 라멘 구조이다.

그림 79, 80
유건, 시상 빌딩, 서울, 1993

그림 81
유건, 시상 빌딩, 서울, 1993

단순 육면체와 라멘 구조에 이처럼 효율의 개념이 첨가되면 이것은 단순히 현대도시의 지루한 주변환경의 문제를 넘어서 시대적 의미를 갖게 된다. 한국 현대사를 규정짓는 압축 근대화를 상징하는 대표적 현상이 되는 것이다. 건축적 의미를 넘어서 사회 역사적 의미를 갖게 된다고 볼 수도 있다. 건축가들은 때때로 이런 시대적 상황에 대한 건축적 입장을 밝힐 것을 요구받는다. 혹은 스스로 자신의 건물이 놓이는 대지환경이 그러한 입장을 요구하는 것이라는 판단 아래 자발적으로 밝히기도 한다. 시상 빌딩도 이러한 경우에 해당되는 것으로 볼 수 있다.

시상 빌딩에 쓰인 원통형은 기하 원형성을 이용하여 지루한 주변환경에 반발하는 파격을 주장한다. 이때 파격은 지루한 주변환경을 의미하는 두 가지 측면 가운데 첫번째인 기하 조형성을 향한다. 이러한 파격은 집과 관련하여 한국사회에 그동안 형성되어온 상식을 뒤집는 의미에서 하나의 역설이다. 기단부에 가장 보편적인 모습의 육면체형 건물이 있음에도 그 사이를 비집고 원통형이라는 비상식적 기하형태로 건물 몸통을 구성하고 있다. 이런 처리는 과연 단순 육면체 중심으로 고착되어버린 우리의 집 상식이 결과적으로 무엇을 남겼는가를 묻는 역설의 의미를 갖는다. 나아가 그러한 집 상식이 그다지 조화로운 주변환경을 만들어주지 못했다면 차라리 원통형 같은 비상식과 무엇이 다르냐는, 아니 차라리 원통형이 더 낫지 않느냐는 패러디의 의미까지도 갖는다(그림 82).

그림 82
유건, 시상 빌딩, 서울, 1993

지루한 주변환경의 첫번째 측면인 단순 육면체에 대한 역설적 패러디는 그 두번째 측면인 라멘 구조에 대한 역설적 패러디로 발전한다. 이 두번째 패러디는 기하 파생성에 의해서 표현된다. 기하 파생성은 원통형 옆면에 달라붙은 손가락 모양의 기다란 선형부재에 의해 구성된다(그림 83). 이 어휘는 일단 선형부재로 읽을 수 있으며 그럴 경우 이것은 기하에서 파생된 조형어휘가 된다. 그러나 이 어휘는 단순한 선형부재가 아니라 보를 노출시킨 것으로 읽히기도 한다. 라멘 구조를 구성하는 주요 부재인 보를 선형어휘로 만들어 밖으로 노출시키고 있는 것이다. 이렇게 노출된 보는 원통형에 불안한 모습으로 달라붙어

있다. 이런 처리는 압축 근대화를 이끌어온 한국 현대건축에 대한 역설적 패러디의 의미를 갖는다. 보는 건물이나 매스를 받치는 역할을 한다. 그러나 시상 빌딩에서 보는 몸통 매스에 매달려 있는 모습으로 처리되어 있다. 이것은 보의 기능과 관련된 상식을 뒤집는 역설이다. 더욱이 얇은 판재형의 선형어휘로 변형처리되어 있다. 이것은 보는 튼튼한 사각 단면을 갖는다는 상식을 뒤집는 또다른 역설이다.

나아가 이런 역설들은 압축 근대화의 건축적 주역이었던 라멘 구조의 보가 과연 우리에게 살 만한 주변환경을 만들어주었는가 라는 의문으로 발전한다. 그리고 이 질문엔 부정적으로 답해지고 있다. 수많은 콘크리트 건물을 양산해낸 라멘 구조의 보를 긍정적이지 못한 모습으로 그려내고 있기 때문이다. 콘크리트 라멘 구조의 보는 그동안 우리를 가난에서 벗어나게 해준 것으로 믿어져왔다. 그러나 시상 빌딩에서 보는 이처럼 무기력하고 우스꽝스러운 모습으로 그려지고 있다. 이것은 보에 대해서 우리가 가져왔던 그러한 신화적 믿음이 사실은 허구적 억압구도의 산물이라는 패러디적 해석의 의미를 갖는다.

그림 83
유건, 시상 빌딩, 서울, 1993

시상 빌딩에서는 이처럼 기하의 두 가지 측면인 원형성과 파생성을 통하여 서울의 주변환경에 대한 역설적 패러디라는 반항적 맥락해석을 시도하고 있다. 이러한 해석은 곧 나아가 한국 현대사에 대한 동일한 해석이기도 하다. 그러나 문제는 시상 빌딩에서는 해석만 있을 뿐 대안이 없다는 점이다. 여기에서 제시되고 있는 비상식적인 원통형과 불완전하게 패러디된 보가 그 대안이 될 수는 없다. 이것들은 부정적 상황에 대한 통렬한 반박이나 비꼼은 될 수 있어도 그 자체가 독립적 완결성을 갖는 대안은 되지 못한다. 모든 건물이 이런 모습으로 지어진다면 그것은 또다른 종류의 횡포가 될 것이기 때문이다.

더욱이 시상 빌딩에서는 패러디적 해석조차 지나치게 조형적 차원에 머무는 한계를 보인다. 압축 근대화라는 한국 현대사의 왜곡된 구조가 낳은 부정적 결과는 여러 분야에 걸쳐 복합적 상태로 나타나고 있다. 이것을 단순 육면체와 라멘 구조로 단순화시킨 해석은 집중력은 있을 수 있다. 그러나 대안을 제시하지 못하는 결과로 나타난다. 왜냐하면 이같은 부정적 상황에 대한 대안은 단순히 건물형태를 바꾸는 데 있는 것은 아니기 때문이다. 그보다는 건축이 사회에 대해서 갖는 존재론적 의미를 재정립하는 데 있을 것이다. 이러한 의미는 기하를 형태적 차원에서 해석하는 데에서는 찾아질 수 없다.

2

기하와 현실

1.
노진석 대 오기수 : 얼개와 경계
기하, 건축, 현실 **복층적 이항구도** | 우장춘 기념관 **벽, 얼개, 영역** | 청도 농기구 박물관 **땅, 얼개, 전이**

2.
중첩과 충돌 : 기하조작과 건축현실

3.
김관석 대 배병길 : 더하기와 빼기
한국 신학 연구소 **더하기와 기하효율의 문제** | 오금리 주택 **빼기와 기하여백**

4.
민대식 대 임장렬 : 파편과 사선
수원 대학교 음악대학 **복층 켜와 영역** | 인천 시립 박물관 **과장된 삼각형과 불일치**

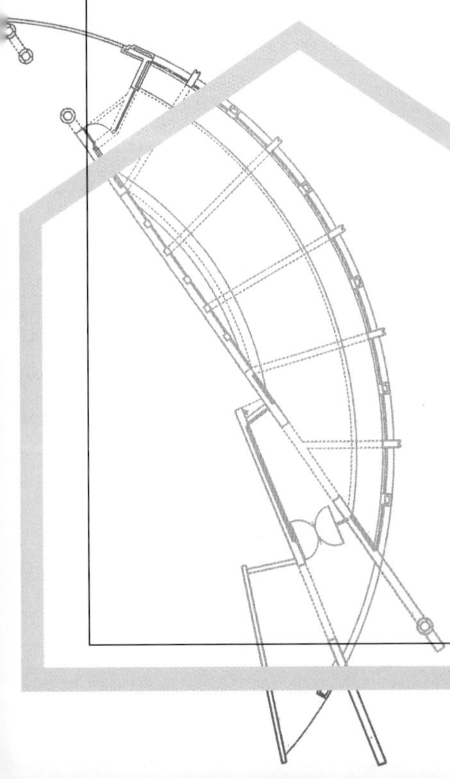

노진석 대 오기수

1

얼개와 경계

기하, 건축, 현실 : 복층적 이항구도

기하는 건축이 아니다. 그러나 많은 건물은 기하로부터 시작된다. 기하가 건축이 될 수 있는 가능성은 편차가 큰 편이다. 기하를 각색하는 범위와 정도에 따라 건축적 가능성은 큰 편차를 갖는다. 시각적 조형성에서부터 내포되는 건축적 의미에 이르기까지 다양하게 나타난다. 기하 자체는 건축어휘가 아니기 때문에 처음부터 정해진 한계란 없다. 기하가 건축에 차용되는 데는 비교적 많은 자유가 허용되는 편이다. 기하 하기 나름이라는 의미이다. 그만큼 새롭게 확장될 가능성이 많이 존재하는 매개이기도 하다.

기하는 건축이 아니지만 건축은 기하 없이는 존재할 수 없다. 모든 건물은 기하로 환원되는 기본단위들의 조합으로 구성된다. 비정형 형태까지도 기하로 편입된 현대문명에서는 더욱 그러하다. 건축과 기하를 가로막는 마지막 경계가 허물어진 셈이다. 그러나 여전히 기하 자체는 건축이 아니다. 그럼에도 기하 없는 건축은 없다. 기하와 건축 사이에는 이처럼 이율배반적 관계가 존재한다. 이러한 이율배반은 건축의 기본속성이기도 하다. 기하는 건축에 편입된 것일 뿐이다. 이율배반은 처음부터 건축 자체에 존재했다. 현실을 담되 일정한 틀거리를 통해서 해야 된다는 이항구도적 초기조건 때문이다. 기하는 이러한 틀거리를 위한 매개로 차용되어 각색을 통해 건물이 된다.

건축은 현실이 아니다. 건축과 현실은 근본적으로 다르다. 현실은 건축보다 먼저 존재한다. 또한 훨씬 더 포괄적이다. 현실은 허허벌판에서도 일어나며 머리 속에서 무형으로도 존재한다. 희로애락의 모든 관계가 다 현실이다. 시시각각 구석구석이 모두 현실이다. 건축은 이러한 현실을 일정한 틀거리 속으로 잡아넣어 정리하는 기능을 추구한다. 현실이 잘 작동할 수 있는 범위 내에서 물리적 구조체를 통해서 사람들 사이의 관계를 규범화하는 것이다. 잠자리를 마련하고 밥 먹을 장소를 제공하며 모여서 공부하고 일할 수 있는 공간을 제한하여준다. 현실은 기본적으로 무형적이며 항시 변한다. 반면에 건축은 유형有形적이며 규범적이다. 이처럼 건축과 현실 사이에도 이항구도의 관계가 존재한다.

건축가들이 기하를 각색하는 이유는 간단하다. 현실을 담기 위해서다. 현실을 담아야 비로소 건축이 될 수 있기 때문이다. 현실이 있고 건축이 있다. 그 다음에 기하가 있다. 셋 가운데 기하는 가장 근원적이며 환원적이다. 반면에 현실은 가장 변칙적이며 포괄적이다. 건축은 그 가운데 있다. 현실과 건축 사이에 이항구도가 있고 다시 건축과 기하 사이에 또 하나의 이항구도가 있다. 따라서 현실, 건축, 기하 사이의 관계는 복합적이다. 이항구도는 셋 사이를 오가며 복층으로 작동한다. 현실은 기하에 담기기 위해 유형類型화되고 단순화된다. 반면에 기하는 현실을 담기 위해 변형되고 확산된다. 그 접점에 건축이 있다.

현실 가운데 건축적 해석의 대상이 되는 것은 사람들의 행동이다. 행동은 존재를 위한 물리적 활동을 의미한다. 행동은 건축에 의해 행태로 유형화된다. 여기까지는 아직 현실로 볼 수 있다. 이것이 건축적 해석을 한번 더 거치면서 기능이 된다. 여기서부터 건축이다. 물론 이런 개념들 사이의 경계가 명확한 것은 아니다. 그러나 행동이 행태로 해석되면서 현실은 건축으로 단순화된다. 또한 건축은 행동을 기능으로 번안해내면서 현실을 담게 된다.

기하는 건축을 담기 위해 각색된다. 건축 가운데 기하적 각색의 목적이 되는 것은 기능이다. 이때의 기능은 단순히 실용성만을 의미하지는 않는다. 행동과 행태에서 파생된 연계성을 가지며 따라서 존재를 위한 포괄적 조건으로 정의된다. 이를테면 한 사람 나아가 한 집단이 영위하는 일상생활 전체를 담당하는 조형적 틀거리이다. 기하는 이러한 틀거리를 믿고 맡길 수 있는 포괄적인 물리체의 기본골격을 형성한다. 이를 위해 기하는 복도와 계단을 담고 방과 베란다를 형성해야 한다. 복합공간을 제공하기도 하고 구조체를 노출시키기도 해야 한다. 기하는 매스가 되기도 하다가 껍질이 되기도 한다. 얼개를 꽉 닫아 가장 안정된 존재를 담보할 수 있어야 하며 또 때로는 얼개를 열어 많은 기능을 담기도 해야 한다. 벽은 껍질이 되고 껍질은 얼개가 된다. 기하는 도형에서 포괄적 물리체로 발전한다. 포괄적 물리체가 기능을 담는 조형적 틀거리라는 소정의 목적을 달성할 때 건물, 즉 건축이 된다. 노진석의 우장춘 기념관과 오기수의 청도 농기구 박물관은 이런 내용들을 잘 보여주는 예이다.

우장춘 기념관 : 벽, 얼개, 영역

우장춘 기념관은 기하를 얼개의 개념으로 해석한 좋은 예에 해당된다. 전체 구성은 반원과 직사각형의 두 개의 도형으로 이루어진다(그림 84). 직사각형은 반원의 오른쪽에 치우쳐 얕게 관입되어 있다. 반원의 오른쪽 원호는 건물 밖으로 연장되면서 벽체를 이룬다. 이 벽체는 반원의 반지름 선분 및 직사가형의 왼쪽 옆변과 함께 세 면을 이루면서 작은 마당을 형성한다. 이 마당은 출입구로 이어지는 진입공간이다. 이 진입공간에는 휠체어용 경사로가 긴 선형어휘를 이루면서 덧붙여진다. 직사각형의 오른쪽 옆변에는 계단실을 담는 비정형 매스가 덧붙여지며 다시 그 밖으로 화장실을 담는 작은 사각형 매스가 한번 더 덧붙여져 있다. 이 작은 사각형 매스는 남녀 화장실에 각 한 개씩 모두 두 개이다.

건물의 전체 구성이 모두 기하를 이용하여 이루어지고 있다(그림 85). 건물 구성에 대한 설명 또한 기하만으로 가능하다. 우장춘 기념관에서 기하사용의 가장 큰 특징은 매스와 껍질의 조형성을 적절히 활용하여 기하에 기능을 담아내는 데 있다. 우장춘 기념관을 구성하는 많은

그림 84
노진석, 우장춘 기념관,
1층 평면도, 부산, 1999

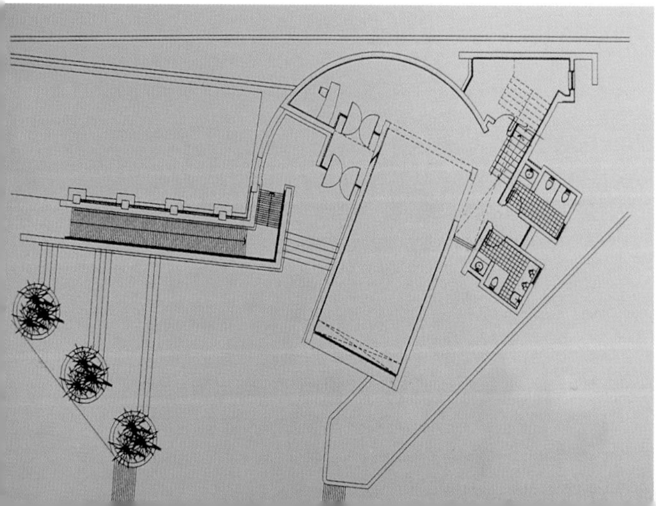

그림 85
노진석, 우장춘 기념관,
부산, 1999

그림 86, 87
노진석, 우장춘 기념관, 부산, 1999

기하들 가운데 반원, 직사각형, 비정형 계단실, 두 개의 작은 사각형은 매스, 즉 3차원 덩어리로 처리되어 있다. 매스를 구성하는 한 가지 기하에는 한 가지 기능이 대응되어 있다.

반원에는 출입구 및 로비, 직사각형에는 전시 본실, 비정형 매스에는 계단과 사무실, 두 개의 작은 사각형에는 남녀 화장실이 각각 배당되어 있다. 기하윤곽은 반듯하게 잘 지켜지고 있다(그림 86). 3차원 매스의 정형성은 기하 원형성을 잘 보여준다. 그러나 이것만으로는 부족하다. 기능을 프로그램으로 해석한 뒤 이것들을 기하에 대응시켜 배열하는 것만으로 건축이 되는 것은 아니기 때문이다. 기하를 매개로 삼아 기능을 일상생활 전체를 담당하는 조형적 틀거리로 해석해낼 수 있어야 한다. 우장춘 기념관에서 이런 해석은 기하를 얼개 개념으로 처리함으로써 얻어진다(그림 87). 얼개로서의 기하처리는 다음의 세 단계를 거쳐서 일어나고 있다.

첫번째 단계는 기하 매스 자체에 가해지는 건축적 처리이다. 건물 본체에 해당되는 직사각형 매스에서는 양옆의 벽면이 정면의 커튼 월보다 밖으로 돌출해 있다. 매스의 껍질을 벗긴 듯한 모습으로 보인다. 혹은 매스를 구성하는 벽면을 밀어서 모서리를 엇갈리게 하려는 처리로 보인다(그림 88). 엇갈림은 심한 파격으로 나타나지는 않는다. 매스 처리 전반에 나타나는 정형성은 훼손되지 않고 있기 때문이다. 그러나 이런 처리를 통하여 기하를 구성하는 요소인 면이 벽이라는 건축요소로 발전하고 있다. 면은 단면을 드러내면서 두께를 내보인다. 이 단면 두께는 콘크리트라는 재료공법을 이용하여 벽이라는 구조체가 서기 위한 최소조건을 표현한 의미를 갖는다(그림 89). 이것은 분명히 건축적 의미이다.

정면 벽을 커튼 월로 세운 처리는 이런 의미를 보강한다. 커튼 월은 20세기 현대건축이 남긴 새로운 건축어휘 가운데 하나이다. 커튼 월은 분명한 건축적 의미를 갖는 어휘이다. 물론 도처에 흔한 것이 커튼 월이고 이제 그것이 무슨 특별한 의미를 갖겠느냐는 반문도 있을 수 있다. 그러나 우장춘 기념관에서 사용된 커튼 월은 일정한 건축적 의미를 내포하고 있다. 기하에서 건축으로의 전환을 강하게 암시하는 내용이 그것

그림 88, 89
노진석, 우장춘 기념관, 부산, 1999

그림 90
노진석, 우장춘 기념관,
부산, 1999

이다.

이 내용은 다음과 같은 일련의 과정을 통해 나타난다. 건물 전체에 걸쳐서 기하차용 경향이 강하게 나타난다. 직사각형 매스는 이 가운데 중심위치를 차지한다. 이 매스를 깨뜨리며 측벽이 돌출해 있다. 측벽의 단면이 노출되면서 건축적 의미를 형성한다. 커튼 월은 이러한 과정의 하나로서 건축으로의 전환을 완성시켜주고 있다. 모서리의 어긋남은 직사각형이라는 기하의 구성을 깨뜨리려는 조형의도로 읽힌다. 사각형의 얼개를 열고 있는 것이다. 이것은 곧 기하를 건축으로 전환시키려는 의도로 이해된다. 아직 현실을 담을 수 있을 만큼 복합분화가 본격화되지는 않았지만 기하에서 건축으로의 발전을 향한 시작은 이루어지고 있다.

정문 출입구에서도 이와 유사한 기하파격이 일어나고 있다. 옆으로 누운 면 부재가 벽에서 출입문 위로 돌출하여 있다. 이 자체만으로는 단순한 조형조작으로 볼 수도 있다. 그러나 건물 전체로 보면 기하에서 건축으로의 전환이라는 큰 계획의 일환으로 해석된다. 건물 전체에 걸쳐서 나타나고 있는 면을 이용한 얼개 열기의 한 과정으로 이해될 수 있는 것이다. 출입구 위에 돌출한 면은 옆의 곡면 벽 및 직사각형의 측벽과 함께 건물의 전체 조형성을 결정한다(그림 90). 이런 의미가 수반될 때 면 한 장이 가져다주는 조형변화는 일정한 역할을 획득할 수 있다.

두번째 단계는 실내공간 골격에 가해지는 처리이다. 실내공간

그림 91, 92
노진석, 우장춘 기념관,
부산, 1999

은 외관에서의 기하구성이 비교적 잘 느껴지게 구성되어 있다. 직사각형이 반원에 끼워지는 지점에서는 그러한 끼워지는 형국이 일정 부분 드러나 있다(그림 91). 이 부분은 곧 실내공간의 골격을 구성한다. 이 과정에서 실내골격의 얼개가 열려 있는 듯한 공간감이 형성된다. 끼워짐을 표현하는 면 부재가 공간단위끼리 접합하는 지점에 추가요소를 만들어놓고 있기 때문이다. 이것은 공간이 접합하는 지점을 남는 부재 없이 매끈하게 연속으로 처리하는 통상적 실내골격과 구별되는 처리이다. 우장춘 기념관만의 이러한 실내골격은 다른 부분들에서도 나타난다. 전시실의 2층 난간은 계단과 합쳐지면서 직사각형의 실내골격에 덧붙여진 모습으로 읽힌다. 직사각형의 커튼 월 쪽에서는 2층 바닥 슬라브를 커튼 월에서 일정 거리 분리시킴으로써 빛 조작을 유도하고 있다. 이 빛 조작은 육면체의 꽉 다문 얼개를 느슨하게 여는 공간효과를 가져온다(그림 92).

세번째 단계는 가벽을 활용한 직설적 의미에서의 얼개이다. 반원의 왼쪽 원호는 건물의 3차원 매스 밖으로 연장되면서 가벽형태로 서 있다. 이 곡면 가벽은 반원 매스의 원호 부 측벽을 연장시킨 것처럼 보인다. 마치 앞의 첫번째 단계에서 보았던 직사각형 매스

그림 93, 94
노진석, 우장춘 기념관,
부산, 1999

의 측벽을 밀어 돌출시킨 것과 유사한 처리이다. 그렇기 때문에 매스의 얼개를 풀어 면 부재로 만든 느낌이 든다. 그러나 돌출한 정도에 심한 차이가 있다. 직사각형에서는 돌출한 측벽이 아직 매스의 일부로 읽히는 반면 이 곡면 가벽은 독립적 벽체로 존재한다(그림 93). 그만큼 얼개가 풀린 정도가 매우 심하게 느껴진다.

앞의 두 단계를 거친 얼개 풀기가 절정에 달한 느낌이다. 가벽에서 이어져 밖으로 나오는 경사로는 이런 얼개 풀림의 느낌을 강화시켜준다. 경사로의 한쪽 면은 사람 키 정도 높이의 벽으로, 다른 쪽 면은 2층 높이의 기둥 네 개로 각각 처리되어 있기 때문이다(그림 94). 이와 반대방향인 가벽에서 건물을 향하는 쪽을 바라보면 가벽은 앞에서 언급한 출입구와 어울리면서 조각적 느낌의 조형어휘로 읽힌다. 이 가벽은 곡면으로 휘어 있고 그 한가운데에 커다란 원이 뚫려 있다. 이 때문에 시선각도와 거리가 바뀜에 따라 그 모양은 수시로 변한다. 남아 있는 벽의 면적이 충분하지 않기 때문에 때로는 선형으로 보이기도 한다. 곡면으로 휘는 비정형 면과 역시 곡선으로 휘는 비정형 선형어휘를 합쳐놓은 것 같은 모습이다(그림 95). 엄격한 규범을 갖는 3차원 매스에서 시작된 기하는 이제 자유분방한 조형어휘로 변해 있다. 얼개는 완전히 풀려

그림 95, 96
노진석, 우장춘 기념관, 부산, 1999

원하는 만큼의 확장과 축소 그리고 변형이 가능하다. 이때 이같은 자유분방한 조형어휘는 일정한 건축적 의미를 획득하면서 건물로 전환되고 있다. 그 근거는 다음의 두 가지이다.

한 가지는 기하의 복합분화가 일상생활 전체를 담당하는 조형적 틀거리 개념으로서의 기능을 담을 수 있는 가능성을 확보하고 있는 점이다. 얼개가 열리면서 건물과 가벽 사이사이에 크고 작은 공간들이 만들어져 있다. 이 공간들은 여러 면에서 다양한 체험을 줄 수 있는 적절한 조형적 장치들을 수반한다. 공간의 모양, 공간을 둘러싸고 있는 주변상태, 바닥 처리 등에 있어서 다양한 상황들이 만들어지고 있다. 이러한 다양성은 적절한 한계를 지킬 경우 기능의 다양성에 대응될 수 있다.

원호조각 모양의 베란다는 2층에 위치한다. 이 베란다는 한쪽 구석에 아늑하게 박혀 있지만 끝부분이 가벽에 뚫린 큰 원과 접해 있다. 폐쇄성과 개방성 사이에 적절한 접점이 제시되고 있다(그림 96). 이 베란다의 바닥은 나무로 처리되어 있다. 노출 콘크리트의 건물 골격에 나무가 더해져 재료가 다양해짐으로써 형태와 공간의 다양성이 배가된다. 계단을 담는 비정형 매스 밖으로 역시 작은 베란다가 하나 더 형성되어 있다. 이 베란다는 옆 매스의 높은 벽으로 막히면서 극도의 폐쇄감을 만들어내고 있다(그림 97).

가벽과 출입구 사이에는 건물의 안과 밖을 이어주는 자그마한 마당이 만들어져 있다. 바닥은 큰 정사각형으로 자른 화강석으로 처리되어 있다. 경사로는 강한 선형성을 형성하면서 독특한 조형 어휘로 체험된다. 바닥은 작은 정사각형 모양의 석재 타일로 처리되어 있다. 경사로의 양옆으로는 비교적 큰 마당이 펼쳐진다(그림 98). 바닥도 콩자갈 깔기 등으로 다양화되어 있다. 5~6단 정도의 계단이 이곳저곳에 첨가되면서 땅을 가르는 방식도 다양화되어 있다. 이러한 모든 처리들은 일정한 기하적 특성을 유지함으로써

그림 97
노진석, 우장춘 기념관, 부산, 1999

이것들이 궁극적으로 기하에서 발생하였음을 말해주고 있다.

이러한 다양한 조각공간들은 곧 체험의 다양화로 이어질 수 있다. 체험의 다양화는 일상생활 전체를 담당하는 조형적 틀거리로서의 기능 개념을 정의하는 데 필수조건이다. 전시물을 보러 온 관람객들은 사이사이의 여러 공간들에서 휴식을 함께 즐길 수 있다. 이 앞을 지나는 하교길 학생들이 잠시 머물며 놀다 갈 수도 있다. 동네 사람들의 정기적인 휴식장소가 될 수도 있다. 유모차를 끌고 경사로를 오르내리며 산책을 즐길 수도 있다. 지점을 바꿔가며 적당한 곳에서 겨울에는 해바라기를 여름에는 나무그늘을 즐길 수 있다. 모든 것은 이 건물을 사용하는 사람들 몫이다. 사용하는 사람들 하기 나름에 따라 건물의 의미는 풍요로워질 수 있는 가능성을 확보하고 있다(그림 99).

그림 98
노진석, 우장춘 기념관, 부산, 1999

다른 한 가지는 이러한 공간의 다양화가 지향하는 최종 목적지가 주변환경과의 어울림으로 나타난다는 점이다. 건물의 얼개가 열린 정도는 주변상황에 맞춰 결정되고 있다. 도로를 면한 쪽의 매스는 꽉 닫혀 있다. 소음과 먼지 등의 소란함으로부터 보호되고 있다. 보행자의 진입이 일어나는 지점은 선형 경사로를 두어 유인 요소를 강화시키고 있다. 출입구 앞에 뚫린 가벽 속의 큰 원을 통해서 주변 동네 풍경이 한눈에 들어온다. 전봇대와 가로등, 나무

그림 99, 100
노진석, 우장춘 기념관,
부산, 1999

와 이웃집 등이 손에 잡힐 듯하다(그림 100). 가벽에 뚫린 원은 주변 동네 풍경을 액자화하는 프레임 기능을 하고 있다. 동네 풍경은 액자 속 소품으로 읽힌다. 이런 느낌은 2층 베란다에서도 동일하게 감상된다. 이런 느낌들은 모두 주변환경과의 친밀감을 높여준다. 결과적으로 다양화된 조각공간들은 주변환경과 내 집 사이를 연결하는 전이공간으로 작동한다. 공간은 너와 나 사이의 이분법적 단절에서 벗어나 다양한 켜로 분화된다.

앞의 두 단계에서 나타난 기하의 복합분화는 그 자체만으로는 아직 완성된 건축적 의미를 갖지 못한다. 단순 조형조작에 머문 것으로 볼 수 있다. 이것이 건축적 의미를 가질 수 있는 것은 세번째 단계에서의 얼개조작과 연속적 과정을 이루며 함께 생각될 때이다. 세번째 단계의 얼개조작에서 기하는 일상생활 전체를 담당하는 조형적 틀거리로 발전하고 있다. 이것은 곧 기하가 현실을 담는 건축어휘로 완성됨을 의미한다. 이로써 앞 두 단계에서의 기하 복합단위는 단순 조형조작에서 벗어나 건축어휘로 완성되어 가는 중간과정으로서의 의미를 획득하게 된다.

이와 같은 세 단계의 얼개처리를 통하여 우장춘 기념관은 현실을 담아낼 수 있는 복합체로 발전한다. 규모는 작고 프로그램 구성도 간단하지만 많은 건축적 스토리를 담아낼 수 있는 가능성을 확보하고 있다. 이런 건축적 스토리는 곧 현실에 대응될 수 있는 가능성을 의미한다. 기능은 단순히 물리적 효용을 넘어서 일상생활 속 행태의 의미로 해석된다. 건물은 작지만 적절한 복합성을 통해 큰 규모로 읽힌다. 스케일을 물리적 수치가 아닌 건물의 분위기로 정의할 경우 작은 수치를 이용하여 큰 스케일을 얻어낸 경우에 해당된다. 꼬마대장 같은 위엄과 품위가 있다. 조형조작이 심하지 않으면서도 지루하지 않은 효과를 준다. 조형조작이 가해지고 있지만 큰 전시면적을 확보하고 있다. 건물은 작지만 있을 것은 다 있다. 정형적이되 지루하지 않고 각색이 가해지되 과하지 않다. 정형적 즐거움 혹은 가변적 단정함 같은 역설적 수사법을 가능하게 해준다.

청도 농기구 박물관 : 땅, 얼개, 전이

청도 농기구 박물관 역시 우장춘 기념관과 유사한 구성을 갖는다. 건물 전체의 구성에 기하형태의 윤곽이 강하게 남아 있으며 여기에 면 부재가 가해져 공간분절이 일어나고 있다. 기하차용으로부터 건물의 구성이 일어나고 있음을 알게 해준다. 이때 면 부재는 벽체 개념으로 해석됨으로써 기하의 조형성은 건축적 의미를 획득하기 시작한다. 이러한 공간분절은 건물 자체의 다양성을 확보함과 동시에 주변환경과의 관계에 대한 고민을 통해 현실 속에서 건물의 의미를 자리매김하고 있다. 벽체를 얼개 개념으로 해석함으로써 기하를 건축으로 전환시키려는 시도가 완성되고 있는 것으로 보인다. 이런 내용들은 모두 우장춘 기념관에서 동일하게 나타났던 것들이었다. 시기적으로 청도 농기구 박물관이 우장춘 기념관보다 6년여 앞서기 때문에 기하에 얼개 개념을 적용한 이같은 처리는 청도 농기구 박물관에서 먼저 시작된 것으로 볼 수 있다.

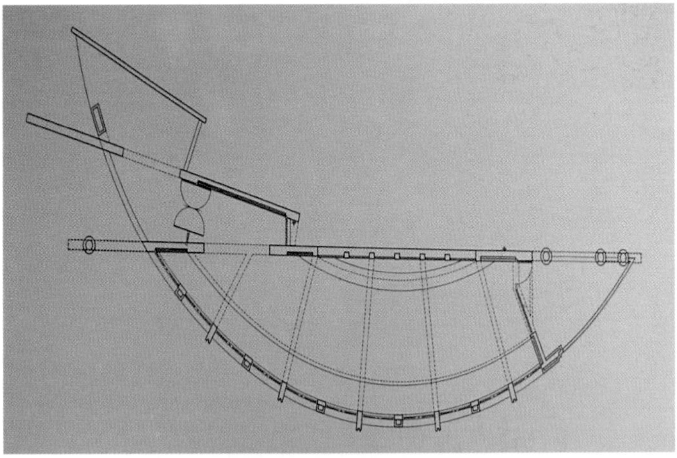

그림 101
오기수, 청도 농기구 박물관, 1층 평면도, 경상북도 청도군, 1993

그림 102
오기수, 청도 농기구 박물관, 경상북도 청도군, 1993

청도 농기구 박물관은 원호 하나로 건물이 구성된다(그림 101). 단순한 프로그램에 맞는 단순한 구성이다. 원호 속에 농기구의 전시기능이 담긴다. 특수한 형태이긴 하나 전시물이 크지 않기 때문에 기능수행에 큰 문제는 없어 보인다. 오히려 작은 전시공간 하나만을 갖는 이런 프로그램 구성에는 더 적절한 측면도 갖는다. 일단 단조로워지기 쉬운 구성과 외관을 특이한 형태로 만들어주는 효과가 있다. 전시라는 기능의 관점에서 보더라도 유리한 점이 있다. 원호형태이기 때문에 양옆으로 긴 벽이 형성되는데 이런 구성은 전시에 필요한 벽면적을 증대시켜줌과 동시에 전시의 집중도를 높이는 데 유리하다(그림 102). 원호 양끝의 예각이 문제되긴 하나 청도 농기구 박물관에서는 이 부분에 적절한 조형처리가 가해져 문제점을 없애고 있다.

그림 103
오기수, 청도 농기구 박물관, 경상북도 청도군, 1993

청도 농기구 박물관의 원호는 기하원형의 윤곽을 잘 유지하고 있다. 면을 이용한 얼개 열기가 시도되고 있긴 하지만 이것은 원호가 단독으로 쓰이는 데서 오는 지루함을 더는 정도에 머물고 있다. 기하 원형성을 깨는 정도로까지 나아가지는 않고 있다(그림 103). 이러한 원형성은 이 건물이 놓인 환경과의 관계에서 그 의미를 찾을 수 있다. 이 건물은 시골 초등학교 운동장 한쪽 구석에

그림 104, 105
오기수, 청도 농기구 박물관,
경상북도 청도군, 1993

위치하고 있다. 이러한 대지조건은 두 가지 관점에서 해석될 수 있다.

거시적 관점에서는 자연 속에 놓이는 것으로 볼 수 있다. 시골 초등학교 자체가 주변에 이렇다할 인공 조형요소를 갖지 않는 자연 속에 놓여 있다. 넓은 운동장 역시 이와 유사한 대지조건으로 볼 수 있다. 이런 조건으로부터 대지환경은 '자연'이라는 보편적 상태로 정의될 수 있다. 산과 강과 들은 없지만 그렇다고 구체적 인공 조형환경을 갖는 것도 아니다. 이런 상태에서 시골 초등학교는 한국 현대사회에서 자연에 대한 일정한 상징성을 갖는다. 자연 대 도시, 혹은 농촌 대 도시화라는 이항구도는 한국 현대사회의 상황을 특징짓는 관점일 수 있다. 이런 이항구도 속에서 시골 초등학교는 자연을 대표하는 상징성을 갖는다.

반면 미시적 관점에서 보면 구체적으로 고려할 사항들을 갖는다. 운동장의 모서리에 위치하기 때문에 직교하는 두 개의 도로가

그림 106, 107
오기수, 청도 농기구 박물관,
경상북도 청도군, 1993

운동장의 두 면을 형성하고 있다. 국도의 큰길과 여기서 갈라져나온 작은길이다. 길과 면한 경계에는 담이 처져 있다. 교사校舍는 멀리 떨어져 있지만 그 중간에 큰 고목이 한 그루 서 있으면서 일정한 환경요소로 작용하고 있다. 운동장 곳곳에 꽃밭도 꾸며져 있고 동상도 있다. 이런 상황들은 건물을 둘러싸고 있는 특수한 대지조건들이다.

청도 농기구 박물관은 이처럼 두 가지 대지조건을 갖는다. 기하 원형성은 이 가운데 자연이라는 거시적 관점에서의 대지조건 속에서 그 의미를 갖는다. 건축은 자연 속에서 인간만의 보호공간을 축조하는 것으로 정의할 수 있다. 이 경우 자연과 인간세계 사이의 중간매개가 필요하다. 기하는 이러한 중간매개의 대표적 예이다(그림 104). 기하는 자연과 인간 양쪽 모두와 밀접한 관계를 갖기 때문이다. 기하는 자연을 구성하는 기본요소로서의 의미를 갖

그림 108
오기수, 청도 농기구 박물관,
경상북도 청도군, 1993

그림 109, 110
오기수, 청도 농기구 박물관,
경상북도 청도군, 1993

는다. 이와 동시에 기하는 인간의 사고와 논리에 의해 자연으로부터 추출된 것이기 때문에 강한 인공성도 함께 갖는다. 이러한 이유 때문에 자연 속에 놓이는 건물들에 기하형태가 자주 쓰인다. 기하가 순도 도형으로 머물지 않고 적절한 건축적 의미를 획득할 경우 자연 속에 기하를 차용하는 가정은 타당할 수 있다.

원호에 얼개 개념으로서의 벽체를 더한 처리는 이러한 건축적 의미를 획득하기 위한 시도로 볼 수 있다. 이것은 동시에 미시적 관점에서의 주변 대지조건에 맞추려는 시도이기도 하다. 청도 농기구 박물관에서는 원호에 네 장의 벽체가 더해지고 있다. 먼저 양쪽 끝 원호 밖으로 두 장의 벽체가 돌출하고 있다. 한 장은 원호의 직선 변을 이루는 벽체이다(그림 105). 이 벽체는 원호의 직선 변 양쪽 밖으로까지 돌출해 있다. 다른 한 장은 이 직선 변과 각도를 달리하며 덧붙여진 벽체이다. 덧붙여진 벽체는 직선 변의 중간보다 약간 한쪽으로 치우친 지점에서 각도를 달리하며 뻗어나오고 있는데 이 때문에 직선 변이 두 장으로 분화한 것처럼 보이기도 한다. 그러나 직선 변을 덧붙여진 벽체보다 높게 처리한 높이 차이로 인해 완전히 서로 다른 두 장이라는 느낌이 들고 있다(그림 106).

다음으로 원호의 한쪽 끝지점에서 직선 변과 직각을 이루는 벽체가 한 장 있다. 이 벽체는 둘로 갈라진 직선 변 가운데 긴 벽체와 직각으로 만나고 있다. 이런 처리를 통해 원호의 한쪽 예각이 잘리면서 짧은 변이 확보된다. 이 변에는 출입문이 달려 있다(그림 107). 마지막으로 원호의 곡면을 이루는 벽체가 있다. 원호 자체는 3차원 매스로 구성된다. 그런데 원호의 곡면이 맞은편 직선 변보다 위로 약 1~2미터 가량 돌출해 있다. 이 돌출한 부분은 벽체로 읽힌다. 완만하지만 뚜렷한 둥근 곡선을 그리며 곡면 벽체가 돌아가고 있다(그림 108).

이런 벽체들은 가장 먼저 면 부재로 읽힌다. 이것은 이 부재들이 아직은 기하에서 파생된 순수 조형어휘에 머묾을 의미한다. 면 부재는 건축적 처리에 의해 벽체라는 건축어휘로 발전한다. 직선 변을 이루는 두 장의 벽체는 노출 콘크리트라는 재료공법으로 처리되어 있다. 여기에는 창이 뚫리고 출입문이 나며 빗물 홈통이 달라붙는다. 직선 변의 긴 벽체는 한쪽 끝에서 중간지점까지 수평방향으로 이분되면서 아래쪽 2/3부분이 잘려나가고 없다. 그 자리에는 기둥 세 개가 대신 들어가면서 공중에 떠 있는 위쪽 1/3부분을 받치고 있다.

이 1/3부분은 지붕을 받치는 보를 크게 만들어 건물 밖으로 연장시켜놓은 것처럼 보이기도 한다. 특히 기둥에 의해 받쳐지고 있기 때문에 더욱 그렇게 보인다(그림 109). 일종의 헛보처럼 보인다. 건축에 대한 지식이 조금이라도 있는 사람이라면 기둥이 보를 받치고 다시 그 위에 지붕이 얹혀지는 건축의 기본구성을 떠올리기 쉬워 보인다. 그러나 지붕은 실제로는 이보다 낮은 지점에 걸려 있다. 따라서 이 1/3부분은 어디까지나 벽체이다. 보처럼 보일 뿐이다. 건축적 연상을 일으키게 하려는 트릭 같은 것이다.

이러한 트릭은 반대편에서도 유사하게 시도되고 있다. 반대편에서는 직선 변을 이루는 두 장의 벽체인 덧붙여진 짧은 벽체와 직선 변의 긴 벽체 모두가 원호 밖으로 돌출해 있다(그림 110). 이때 짧은 벽체는 땅과 접촉하면서 온전한 벽체의 모습을 하고 있다. 그러나 긴 벽체는 반대편과 같은 모습으로 처리되어 있다. 높이를 확장한 보의 모습을 하고 있다. 이번에도 기둥에 의해 받쳐

그림 111
오기수, 청도 농기구 박물관, 경상북도 청도군, 1993

그림 112
오기수, 청도 농기구 박물관,
경상북도 청도군, 1993

지고 있으며 특히 높이로 보았을 때 건물 본체의 중간지점에서 돌출하고 있기 때문에 더욱 보처럼 보인다. 마치 보를 건물 몸통 밖으로 길게 뽑아낸 것 같아 보인다. 그러나 이것 역시 벽체이다. 보처럼 보이게 함으로써 건축적 연상을 일으키는 트릭이 쓰이고 있다(그림 111).

원호의 곡면을 이루는 벽체는 벽돌이라는 재료공법으로 처리되어 있다. 이번에도 물론 창이 뚫려 있으며 기둥이 선형어휘로 처리되면서 벽돌 벽면 밖으로 노출되어 있다. 벽돌을 이용한 치장쌓기도 사이사이 들어가 있다(그림 112). 이상과 같은 처리들은 건축 구조공법을 이용하여 기하 조형단위들을 축조하고 있음을 보여준다. 물론 모든 건물은 건축 구조공법으로 지어진다. 따라서 건물에 쓰인 모든 기하단위도 마찬가지이다. 그러나 청도 농기구

그림 113, 114
오기수, 청도 농기구 박물관,
경상북도 청도군, 1993

박물관에서 시도된 앞과 같은 처리들은 이런 일반적 차원 이상의 건축적 의도가 있어 보인다. 그것은 면을 벽체와 보 사이에서 애매한 상태로 처리함으로써 건축의 축조원리에 대한 연상작용을 일으키려는 의도라 할 수 있다. 이런 의도는 다시 기하조형단위에 건축적 의미를 실어내려는 의도를 갖는다.

건축적 의미는 앞과 같이 형성된 벽체가 얼개로 작용하면서 완성된다. 일단 형태상 청도 농기구 박물관의 벽체는 건물 몸통으로부터 파생한 얼개로 읽힌다. 벽체는 원호 매스를 구성하는 벽면들을 늘어뜨리거나 밀어서 밖으로 비켜냄으로써 만들어진 것 같은 모습을 하고 있다. 이런 모습은 매스의 얼개가 풀리는 것으로 해석될 수 있다. 앞과 같은 벽체의 형성과정 자체가 이런 내용을 담고 있다. 이것은 또한 우장춘 기념관에서의 얼개 처리 및 그 개념과 유사한 의미를 갖는 것으로 볼 수 있다.

청도 농기구 박물관에서 얼개 열기 역시 다양한 기능을 담을 수

있는 가능성을 통해 건축적 의미를 획득하고 있다. 그 내용 또한 다시 한번 우장춘 기념관과 유사하다. 청도 농기구 박물관에서는 매스로부터 얼개가 열리면서 얼개를 이루는 벽체들이 서로 교차하고 있다. 벽체들 사이에 높이 차이를 둠으로써 이같은 교차감을 돕고 있다. 벽체들이 교차하면서 그 사이에 작은 영역이 만들어진다(그림 113). 이 영역은 원호의 양쪽 끝에 하나씩 만들어져 있다. 이 두 개의 영역들은 다음과 같은 두 가지 건축적 의미를 갖는다.

한 가지는 주변의 미시적 대지조건에 대응하는 의미를 갖는다. 두 개의 영역 가운데 왼쪽 것은 대지가 면한 큰길을 향한다. 그러나 이것만 면하고 있는 것은 아니다. 큰길 안쪽으로는 동상과 꽃밭이 있다(그림 114). 이런 것들은 시골 초등학교의 대지조건으로서는 특별한 대응을 요하는 상황이라 할 수 있다. 오른쪽 영역은 더 특별한 대지상황을 면한다. 이쪽은 큰길에서 갈라져들어온 작은길, 여기에 나 있는 초등학교 전체의 정문, 교사, 큰 고목, 꽃밭 등을 면하고 있다.

그림 115, 116
오기수, 청도 농기구 박물관,
경상북도 청도군, 1993

그림 117
오기수, 청도 농기구 박물관,
경상북도 청도군, 1993

학교로 진입하는 주요동선이 지나가는 길이며 학교를 구성하는 주요요소들을 거의 모두 면하고 있는 것으로 볼 수 있다. 이런 상황에 맞게 오른쪽 영역은 두 겹으로 형성되면서 얼개의 조형작용이 활발하게 시도되고 있다(그림 115). 건물의 정문도 오른쪽 영역에 나 있다. 이 모든 대응들은 건물로부터 읽히는 의미들을 다양하게 해준다. 이것은 곧 건물에 담기는 기능이 다양해짐을 의미한다.

다른 한 가지는 전이공간으로서의 역할을 한다. 여기에서의 전이공간이란 실내와 실내 사이의 중간적 상태를 의미한다. 전이성은 일차적으로 건물이 면한 주변의 미시적 대지조건에 대응한다. 왼쪽 영역은 건물에서 동상과 꽃밭으로 이어지는 전이성을 갖는다. 오른쪽 영역의 전이성은 훨씬 다양해진다. 출입동선이 건물 앞에 섰을 때 숨을 한번 더 고르게 하는 역할을 한다. 고목에 대해서는 얼개를 열어 그 존재를 받아들이겠다는 상징적 의미에서의 전이성을 갖는다. 꽃밭이나 교사로 이어지는 전이성은 왼쪽 영역의 것과 유사하다(그림 116).

이와 같은 전이성은 건물과 주변의 대지조건 사이의 관계를 점진적으로 정의하겠다는 건축관을 의미한다. 이것은 곧 둘 사이를 이분법적 단절로 보지 않겠다는 환경관을 의미한다. 나아가 이런 영역들은 닫힌 매스 본체와 넓게 열려 있는 운동장 사이의 전이공간 역할을 한다. 넓고 개방된 운동장에서 좁고 폐쇄적인 건물로 들어가는 급작스런 변화에 대한 완충작용 같은 것이다. 혹은 접지감을 높여주는 작용을 하기도 한다. 땅에 대한 정성 같은 것이다(그림 117). 큰 나무의 기둥이 땅에서 바로 시작되는 것이 아니라 땅 밖으로 노출된 뿌리를 통하여 점진적으로 하늘을 향하는 것과 같은 이치이다. 이런 전이성을 통해 건물은 대지에 대해 이분법적 단절을 깨고 다양한 관계가 형성될 수 있는 가능성을 제공한다.

중첩과 충돌

2

기하조작과 건축현실

앞에서 살펴본 벽과 얼개의 개념은 처음부터 건축적 의도가 강하게 내포된 처리방식이다. 벽은 건축의 역사 그 자체이다. 벽은 건축이 시작되면서 가장 먼저 형성된 어휘이다. 기하와 면을 이러한 벽으로 축조한 처리는 기하 자체의 각색적 처리를 생략하고 기하에 곧바로 건축적 의미를 실어내겠다는 조형관을 의미하는 것으로 볼 수 있다. 얼개 역시 기하 자체의 조형성보다는 기하요소 사이의 관계에 초점을 맞춘 개념이다. 얼개가 벌어지면서 생긴 틈과 여백은 영역이라는 건축요소를 생성할 수 있다. 영역은 건축어휘가 인간의 존재적 행태를 담아낼 수 있는 가능성을 내포한다. 이를 위해 기하 자체의 조작은 상당 부분 자제되어야 한다. 그 대신 존재의 의미를 정의해낼 수 있는 건축어휘에 대한 고민이 있어야 한다.

이와 같은 기하의 전환은 건축적 의미와 직접 연관되기 때문에 차원 높은 해석을 요한다. 건축가 쪽에서 의도한 상징적 의도 또한 명확할 수 있다. 그러나 이것은 반대로 중립성이 약한 문제점을 가질 수 있다. 건축가가 가정한 의도에 동의하지 못할 경우 이 같은 건축은 매우 어렵거나 지루할 수 있다. 아니면 최소한 큰 의미를 못 갖는 것으로 받아들여질 수도 있다. 예를 들어 내력기능을 박탈당한 벽의 비애는 극소수 건축가의 지극히 주관적 가정일

그림 118
임장렬, 인천 시립 박물관, 인천, 1990

수 있다. 이런 비애를 현대 기계문명의 허구성과 동일시하는 가정은 더욱 더 주관적이다.

이런 주관적 가정들을 받아들이지 못할 경우 그런 가정 위에 기하를 다룬 작품들의 의미는 건축가 자신의 자위 같은 것으로 끝나버릴 수 있다. 하나의 작품이 항상 이런 위험에 노출되어 있다는 것은 약점이 되기도 한다. 그런데 작품의 의미를 가치 중립적으로 가정하는 처리는 이런 경우에 대한 대안이 될 수 있다. 가치 중립적이라 함은 건축적 의미를 제시하지 않은 채 기하요소의 순수 조형적 멋 자체에 집중하는 입장을 의미한다. 다시 벽의 예에 유추시켜보면 벽을 사용하는 데 있어서 일정한 지식을 요하는 앞과 같은 의미를 다루기보다는 벽이 갖는 면 부재로서의 조형성을 추구하는 입장을 의미한다.

이것은 매스에 있어서도 마찬가지이다. 매스의 얼개를 푸는 처리로부터 건축적 의미를 정의하는 건물은 일정한 해석을 요한다. 얼개의 의미를 해석하는 과정에서 파생되는 벽과 기능, 영역과 행태 등의 개념들이 건축적으로 의미를 갖기 위해서는 그러한 내용에 대한 동의가 선결되어야 한다. 이에 반해 기하의 순수 조형미로부터 건축적 가치를 추구하는 입장은 사전지식에 의존하는 개념적 해석을 거부한다. 그보다는 기하요소들이 각색되고 서로 어울리는 형태성을 추구한다. 기하 입체의 이쪽 변과 저쪽 변이 깎인 각도와 그로부터 얻어지는 형상 자체가 건축적 가치가 될 수 있다는 입장이다(그림 118). 혹은 이 기하와 저 기하가 어울리는 방식 및 모양새 자체도 그러하다는 입장이다(그림 119).

이런 기하 조형성은 가치 중립적일 수 있다. 특별한 건축적 의미나 상징성은 내포하지 않더라도 그런 조형적 모습 자체는 누구의 눈에나 보기 좋다는 의미이다. 이러한 조형적 즐거움 자체가 하나의 건축적 가치가 될 수 있다는 입장이다. 대다수 사람들의 눈에 보기 좋은 이런 조형성은 주관적 가정을 필요로 하지 않는 점에서 일정한 객관성 혹은 보편성을 확보한 것으로 이해된다. 이를테면 가치판단에 필요한 지식을 학습하기 이전의 어린이들도 받아들여 감상할 수 있는 조형성을 의미한다. 기하의 조형성을 이용한 가치 중립성은 객관성과 보편성을 지향한다.

그림 119
김관석, 한국 신학 연구소, 충청남도 천안시, 1996

중첩, 파편, 반복 등의 조형기법은 이러한 중립성을 얻는 대표적 처리방식이다. 매스를 덧붙이는 과정에서 다양한 형태성이 얻어진다. 매스를 따내거나 빼내는 처리 역시 마찬가지이다. 매스끼리 충돌하거나 비정형 각색을 가할 경우 기하 파편이 생기기도 한다. 사선과 조각이 난무하며 강한 시각적 자극이 얻어진다(그림 120). 동일 모티브의 반복은 급한 호흡을 만들어낸다. 모티브의

그림 120
민대식, 수원 대학교 음악대학,
경기도 화성군, 1999

동일성 정도에 따라 얻어지는 효과도 다양해질 수 있다. 완전히 동일한 요소의 반복은 안정감을 바탕으로 한 규범성을 준다. 주제와 변주 개념으로 서로 일정한 차이를 갖는 동일요소의 반복은 가변적 에너지를 느끼게 해준다.

이러한 기하조작은 순수한 물리적 의미에서 공간적 다양성의 골격을 만들어준다. 기하의 조작과정이 진행될수록 기하단위 사이의 위치적 관계는 다양해진다. 이것은 곧 조형적 모양새가 다양해지거나 사람을 담을 수 있는 물리적 골격이 다양해짐을 의미한다. 여러 개의 매스들은 다양한 위치에서 다양한 방식으로 서로 교합한다. 매스와 여백이 교대로 나타나며 그 양상 또한 다양해진다(그림 121). 이러한 물리적 다양성은 문화 사회적 의미나 시대적 의미 등이 실리기 이전 단계의 순수 조형상태이다.

이 이상의 단계로 나아가지 않고 이것 자체를 건축적 목적으로 추구하는 이같은 입장은 건축물이 반드시 개념적 가치들을 표현할 필요는 없다는 건축관을 의미한다. 그보다는 공간의 다양성을

그림 121
배병길, 오금리 주택,
경기도 파주군, 1994

마련해주고 그 다음 단계의 나머지는 사용자들이 살아가면서 만들어가는 것이라는 건축관이다. 사용자들이 그러한 다양한 공간들을 활용하고 즐기는 것으로 충분하다는 건축관이다. 그 과정에서 생활이 풍부해지고 정서적 감성이 생겨나는 등의 효과를 주는 것이 건축의 주임무라는 건축관이다. 건축의 목적은 조형감상과 공간체험을 제공하는 것이라는 건축관이다.

김관석의 한국 신학 연구소와 배병길의 오금리 주택은 매스의 더하기와 빼기를 기초로 한 중첩처리로부터 중립적 조형성을 정의한 예에 해당된다. 민대식의 수원 대학교 음악대학과 임장렬의 인천 시립 박물관은 삼각형의 예각을 폭파시키고 사선을 충돌시키는 등의 기하처리로부터 중립적 조형성을 정의한 예에 해당된다. 이런 기하처리기법들은 일차적으로 조형성을 목표로 시작된다. 그러나 이것의 궁극적 목적은 현실을 담아 건축어휘로 발전하는 것이다. 기하만으로 건물이 되는 것은 아니기 때문이다.

김관석 대 배병길

3

더하기와 빼기

한국 신학 연구소 : 더하기와 기하효율의 문제

한국 신학 연구소는 완결된 매스 단위들을 연속적으로 더하는 방식에 의해 건물 전체의 구성이 이루어진다(그림 122). 이러한 매스는 기하도형을 기본형태로 갖는다. 변의 각도 등에 있어서 약간의 비정형성이 나타나긴 하지만 원과 육면체를 중심으로 한 기하형태의 정형성이 전체 질서를 주도하고 있다. 그러나 한국 신학 연구소의 최종 조형질서는 변형성을 기초로 한 다양성이다. 형태 자체의 정형성과는 별도로 일단 차용된 기하단위의 종류들이 다양하다. 같은 것이 하나도 없다. 나아가 이런 기하단위들이 교합하는 방식 또한 다양하다. 동일한 방식은 한번도 반복되지 않고 있다.

기하단위들은 크기와 형상이 서로 다르며 그 편차 또한 크다. 한 동의 건물크기를 갖는 육면체에서부터 건축적으로는 무의미한 눈요기용 작은 조형물에 이르기까지 다양하다. 방 한두 개 크기 정도의 중간 육면체도 여러 개 쓰이고 있다. 어떤 것은 옆으로 긴 직육면체로 구성되며 또 어떤 것은 정육면체 형태를 하고 있다. 여기에 큰 원형 매스가 두 개 더해지고 있다. 이것조차도 서로 다른 기하형태를 하고 있다. 하나는 온전한 형태의 타원이고 다른 하나는 1/4원이다(그림 123). 번개 모양의 날카로운 삼각형 사선요소는 얇은 판재형식으로 원통형 건물의 출입구에 쓰이고 있다.

그림 122
김관석, 한국 신학 연구소, 충청남도 천안시, 1996

이런 기하단위들이 더해지는 방식 또한 규칙성을 찾기 힘들 정도로 매 상황이 다르다. 기하 매스 단위들이 하나가 다른 하나 위에 올라타거나 끼워지는 형식으로 중첩되고 있다. 혹은 나란히 서서 앞뒤나 옆으로 중첩되기도 한다. 더하기에서 나올 수 있는 다양한 조형처리 방식들이다(그림 124). 비슷한 두 개의 큰 직육면체가 위아래로 끼워지면서 1층과 2층을 형성한다. 큰 육면체 지붕에 작은 육면체가 단순 첨가물로 끼워져 있다. 원과 사각형이 나란히 어깨를 맞대듯 서 있기도 한다. 여러 개의 비슷한 육면체들이 올망졸망 모여 있기도 한다(그림 125). 삼각형 사선판재는 단순 첨가되어 있다.

기하단위를 이용한 이런 큰 흐름에 더하여 부수적 처리 역시 다양성을 증대시켜준다. 몇몇 건물에서는 따내기 혹은 빼기 처리까지 함께 일어나고 있다. 따내기는 주로 개구부나 베란다가 만들어지는 부분에 가해지고 있다. 따내기는 표면에 음영을 형성함으로써 건물의 인상에 다양성을 주는 효과를 갖는다. 개구부 모양 자체도 재미있는 기하문양 형태로 각색되어 있다. 수직 홈 같은 모양과 삼각형이 쓰이고 있으며 직사각형을 쌍둥이처럼 처리한 두

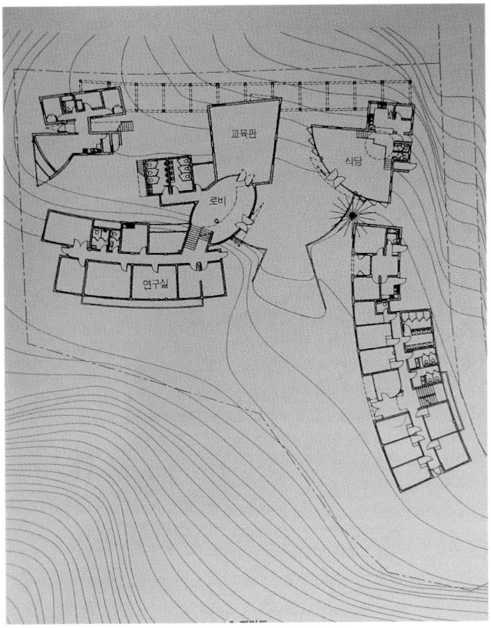

그림 123
김관석, 한국 신학 연구소, 1층 평면도, 충청남도 천안시, 1996

그림 124
김관석, 한국 신학 연구소, 충청남도 천안시, 1996

개의 창이 직각을 이루며 마주보고 서 있다(그림 126, 127). 여기에 색채까지 가세하여 이런 다양성을 돕고 있다. 기하단위 하나에 한 가지 색이 배정되어 두 개의 원통형은 각각 청회색과 녹색으로 칠해져 있다. 청회색과 녹색을 주요 색조로 삼아 이것들의 밝기를 조절하여 색의 다양성을 꾀하고 있다. 이외에도 미색 계열의 색조 한 가지가 더해짐으로써 다양성은 증가된다.

이상과 같은 한국 신학 연구소에서의 기하처리는 일단 경쾌한 조형성을 확보하여주고 있다. 형태를 잘 다루었다는 느낌을 받을 수 있다. 기하를 이용하여 '장난감마냥 알록달록한 색을 가진 매스가 아기자기하게' 모여 있는 장면을 연출하고 있다(그림 128). 시각적으로 보기에 좋으며 이것은 곧 흥겨운 감흥을 불러일으킨다. 기하 조형성이 추구하는 바가 심각한 개념적 가치가 아닌 중립적 시각효과라면 이 건물은 일정한 성공을 거두고 있는 것으로 보인다. 그러나 문제 또한 적지 않아 보인다. 이것만 가지고는 좋은 건물이 될 수 없기 때문이다. 뿐만 아니라 기하 조형성 자체에 한정시켜보더라도 이것만 가지고는 부족하다. 기하 조형성은 단순히 시각적 즐거움만을 추구하자는 것은 아니기 때문이다. 한국 신학 연구소의 문제는 두 가지로 요약될 수 있다.

그림 125, 126
김관석, 한국 신학 연구소, 충청남도 천안시, 1996

한 가지는 지나치게 조형조작에 집착한 느낌이다. 이런 느낌은 조형조작이 과다하다는 것과 같은 의미일 수도 있다. 여기에서 과다하다 함은 단순히 절대양의 많고 적음을 의미하는 것이 아니다. 그보다는 가해진 조형조작과 그것에서 얻어지는 건축적 효과 사이의 효율성 문제이다. 한국 신학 연구소는 분명히 보기에 좋다. 그러나 그것이 전부이다. 문제는 여기에 있다. 한국 신학 연구소에서는 과다한 조형조작이 가해지고 있다. 일반적인 집 상식을 벗어나는 범위이다. 그런데 이런 과다함이 시각적 즐거움 이상의 가치를 만

들어내지 못하고 있다. 단순히 시각적 즐거움만을 위하여 이 정도의 조형조작이 가해지는 것은 분명히 건축적 낭비이다.

한국 신학 연구소에서도 물론 최소한의 통일성은 지켜지고 있다. 다양성이 혼란으로 흐르지 않게 하려고 통일성을 추구한 의도가 처음부터 조형적 가정으로 설정되어 있음을 알 수 있다. 밖에서 보기에는 매스 단위들이 특별한 규칙 없이 제멋대로 모여 있는 것처럼 보이나 축을 중심으로 한 질서도 형성되어 있다. 문제는 조형조작이 최종 지향하는 바가 무엇이냐에 있다. 시각적 즐거움을 주는 데에는 성공하고 있다. 그러나 아무리 순수 기하 조형성을 추구한다고 해도 이것만 가지고 건축이 되는 것은 아니다. 앞에서 언급하였듯이 기하조작은 공간골격의 다양성으로 연결되어야 한다. 사용과정에서의 다양성이 담보되어야 한다.

그림 127
김관석, 한국 신학 연구소,
충청남도 천안시, 1996

그런데 한국 신학 연구소에서의 기하조작은 형태외관에 한정된 느낌이다. 기하와 기하가 만나서 형성되는 관계는 다양한 외부공간을 만들어주지 못한 채 물리적 윤곽변화에 머물고 있다. 외부공간 자체도 혼란스러운 상태로 방치되고 있다. 외부공간은 기하들

그림 128, 129
김관석, 한국 신학 연구소, 충청남도 천안시, 1996

이 충돌하면서 파생된 부산물로 남겨진 느낌이다. 형태조작에 만족하여 이러한 기하충돌의 산만함이 정리되지 못하고 끝난 것처럼 느껴진다. 혹은 기하조작이 지나치게 양陽적인 고형체의 충돌에 한정된 것으로 볼 수 있다(그림 129).

기하조작은 그 과정에서 음陰적인 여백이 만들어져 고형적 윤곽과 조화를 이룬 상태가 가장 바람직하다. 이것은 곧 사용과정에서 사용자들이 몸을 담을 수 있는 공간이 형성됨을 의미한다. 이런 경우에 사용자는 체험적으로 조형적 다양성을 즐길 수 있다. 그런데 한국 신학 연구소는 그렇지 못하다. 건물과 건물이 여러 곳에서 여러 상태로 충돌하고 있지만 이 과정에서 음적인 공간은 만들어지지 못하고 있다. 건물은 건물일 뿐이며 안과 밖은 이분법적으로 단절되어 있다. 조형적 다양성이 일상생활 속에서 온몸을 담아 체험되지 못하고 시각적 감상에 머물고 있기 때문이다. 조형적 다양성은 공간적 다양성으로 발전하지 못하고 있다. 이런 상태는 건

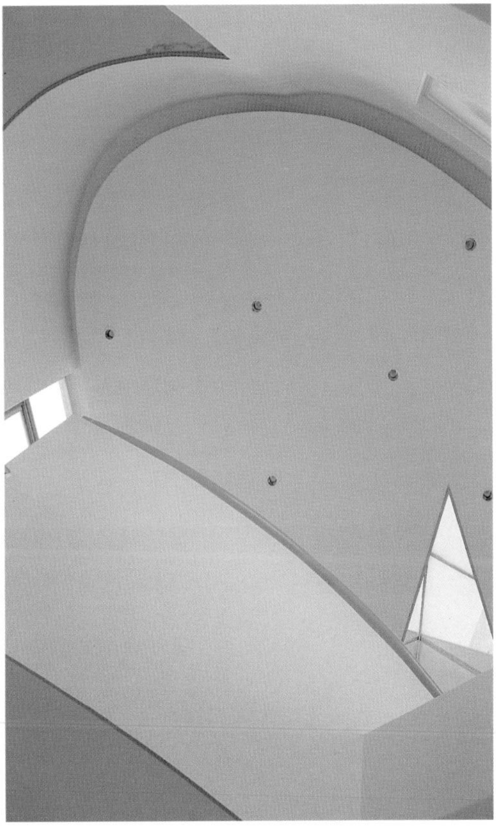

그림 130, 131
김관석, 한국 신학 연구소,
충청남도 천안시, 1996

축적으로 보았을 때 부족한 상태라고 할 수 있다.

다른 한 가지는 내외부 사이의 불일치이다. 이것은 앞에서 언급한 첫번째 문제가 실내로 연장된 것으로 볼 수 있다. 실내 몇 군데에 재미있는 장면들이 제시되고 있다. 2층 복도가 벽에서 분리되면서 타원 형태로 처리되어 있다. 그 위의 천장은 삼각형 형태로 찢어져 있다(그림 130, 131). 그러나 이런 장면들은 외관 전체 윤곽에서 이루어진 기하조작의 결과로 느껴지지 않는다. 실내에서의 재미있는 장면을 위해 또 하나의 다른 기하 조형세계가 계획되어 실행된 것으로 느껴진다. 기하를 이용한 순수 조형경향에서도 일치라는 것은 여전히 중요한 문제이다. 이처럼 두 개의 세계가 따로 형성된 것은 분명히 조형낭비일 수 있다. 순수 조형경향에서도 형태외관과 실내골격은 본래 하나이다. 같은 세계를 이루는 다른 두 면일 뿐이다. 하나는 다른 하나로부터 자연스럽게 형성되는 것이 가장 바람직하다.

외관형태가 기하충돌로 구성될 경우 실내에서의 조형조작은 그러한 충돌이 일어나는 지점에서 역시 그러한 충돌의 결과로서 얻어지는 것이 자연스럽다. 그런데 한국 신학 연구소에서는 그렇지 못해 보인다. 외부에서의 형태조작은 그것으로 끝나고 실내에서는 다른 세계가 별도로 만들어지고 있다. 또 외관에서 보여주고 있는 과다한 조형조작과는 별도로 대부분의 실내장면은 평범한 육면체 건물의 실내와 크게 다르지 않다. 한국 신학 연구소의 외관에 일어난 정도의 형태변화라면 그 여파가 실내에까지 미치는 것이 조형효율상 적절할 것이다. 이런 기준에서 보았을 때 한국 신학 연구소의 조형조작은 실속 없는 과다함으로 보인다.

오금리 주택 : 빼기와 기하여백

오금리 주택은 빼기 혹은 따내기에 의해 건물의 전체 구성이 이루어지고 있다(그림 132). 그러나 보기에 따라서 오금리 주택의 조형구성은 더하기인 것 같기도 하다. 특히 도면상으로 볼 때 더욱 그러하다. 정사각형을 형태단위로 한 기하요소가 하나에서 시작하여 계속 덧붙여지면서 전체 구성이 일어나고 있는 것으로 보

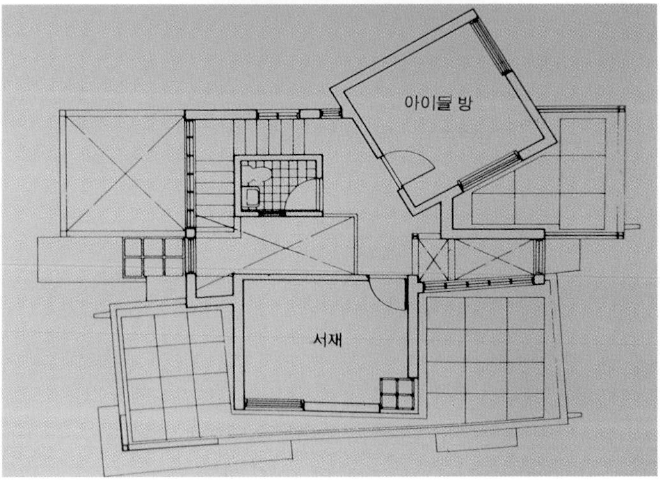

그림 132
배병길, 오금리 주택,
경기도 파주군, 1994

그림 133
배병길, 오금리 주택, 2층 평면도,
경기도 파주군, 1994

이기도 한다(그림 133). 엄밀히 얘기해서 적어도 건축적 차원에서 더하기와 빼기는 반대가 아니라 같은 것일 수도 있다. 사각형이 기하단위로 쓰일 경우 더욱 그러하다. 더하기나 빼기 모두 기하단위 사이에 여백이 생기게 마련인데 이 여백을 어떻게 보느냐에 따른 차이이다. 더하기하는 과정에서 나타나는 음양의 교대 개념으로 볼 것인지 아니면 큰 덩어리에서 작은 덩어리를 떼어 낸 것으로 볼 것인지 차이인 것이다. 실제 지어진 건물의 모습을 볼 때 오금리 주택의 조형구성은 빼기로 볼 수 있는 측면이 더 많다. 그 이유는 두 가지이다.

한 가지는 프레임을 이용하여 집 전체의 큰 윤곽을 암시하고 있는 처리 때문이다. 큰 윤곽은 곧 빼기가 시작되기 이전의 큰 매스를 의미한다. 큰 매스로부터 일정한 공간단위를 빼내는 조형조작을 거치면서 집의 프로그램이 구성된다. 프레임은 본래 그러한 윤곽이 있었음을 상징하는 것으로 읽힌다(그림 134). 오금리 주택에

그림 134
배병길, 오금리 주택,
경기도 파주군, 1994

서 이 프레임은 베란다 난간 등의 실용적 기능을 갖기도 하지만 여기에 더하여 집 전체에 차용된 조형조작 기법을 상징하는 기능도 함께 갖는다. 프레임의 이러한 상징기능은 가시적 차원에서 작동하기 때문에 직접적 암시효과를 갖는다.

물론 오금리 주택의 이 프레임은 엄밀하게 큰 매스 전체의 윤곽과 일치하지는 않는다. 어느 것은 옥상 위로 돌출하면서 오히려 윤곽의 경계선을 확장시키고 있기도 하다. 그러나 집 전체로 보았을 때 프레임은 항상 고형적 매스 밖에 위치한다. 고형적 매스의 경계를 제한하는 기능을 하고 있는 것이다. 이것은 매스가 더하기에 의해 확산되는 것으로 읽히는 것을 억제해주면서 끊임없이 본래 더 큰 무엇이 있었을 것이라는 암시를 한다(그림 135). 이러한 암시는 오금리 주택의 매스 변화가 빼기에 의한 것이라는 다음 단계의 암시로 발전한다.

다른 한 가지는 육면체의 매스 변화가 일어나는 과정에서 기하

그림 135
배병길, 오금리 주택,
경기도 파주군, 1994

단위 사이에 여백을 만들어놓고 있기 때문이다. 이런 여백이 빼기의 산물로 읽히는 이유는 매스 변화가 확산적이지 않은 것으로 느껴지기 때문이다. 여백은 더하기와 빼기 모두 만들어낼 수 있다. 이 가운데 더하기가 만들어내는 여백은 기본적으로 확산적인 특징을 갖는 것으로 볼 수 있다. 이와 반대로 빼기가 만들어내는 여백은 무언가를 담아내며 감싸려는 보호적 특징을 갖는다. 이런 대별은 건축의 기원과 관련된 두 가지 모델인 나무와 동굴에 유추될 수 있다. 나무가 더하기의 확산적 특징을 갖는다면 동굴은 빼기의 감싸기 특징을 갖는다. 오금리 주택의 여백은 이 가운데 후자의 경우에 가깝게 느껴진다.

오금리 주택에서 매스 변화가 확산적이지 않은 것으로 느껴지는 것은 앞에서 언급한 프레임의 작용이 중요한 이유일 수 있다. 예를 들어 45도 각도로 틀어진 아이들 방은 그러한 틀어짐으로 인해 매우 확산적 힘을 느끼게 해준다. 확산감은 곧 더하기라는 조

형기법에 대응되는 느낌이다. 틀어짐은 또한 건물 전체의 수평-수직 구도와 어긋나는 이질감으로 인해 본체에 매스 하나를 더한 것 같은 느낌을 강하게 준다. 그러나 그 밖으로 프레임이 한 겹 쳐지면서 이러한 확산감은 억제된다. 이 프레임은 수평-수직 구도를 갖기 때문에 사선구도에서 나온 아이들 방의 확산감을 억제하는 기능은 배가된다. 모든 것을 원래 질서로 되돌리는 작용을 하는 것으로 읽힌다(그림 136).

그림 136
배병길, 오금리 주택,
경기도 파주군, 1994

오금리 주택의 매스 변화가 빼기의 산물로 느껴지는 또다른 중요한 이유로 무엇인가를 담으려는 여백의 특징을 들 수 있다. 오금리 주택에서 기하단위 사이의 여백은 일정한 폐쇄감을 유지하고

있다(그림 137). 물론 일부 여백은 아무것으로도 가리지 않은 넓은 면적을 갖기도 하지만 건물의 전체적 인상은 안으로 접혀들어가는 느낌 쪽에 가깝다. 이런 특징들은 사람을 감싸며 담아내는 공간감을 만들어낸다. 실내 분위기 역시 나무에 오른 것보다는 동굴에 들어온 것 같은 느낌에 가깝다. 확산적 느낌보다는 감싸는 느낌 쪽에 가깝다. 그것은 다음과 같은 몇 가지 처리 때문이다.

주택의 확산적 공간감을 주도하는 거실이 집 중심이 아닌 한쪽 구석에 위치하고 있다. 이 때문에 실내공간감은 선형구도에 의해 주도된다. 2층까지 뚫린 복도를 축으로 삼아 양옆으로 방이 배치되어 있는 형국이다(그림 138). 이때 복도는 좁고 높은 비례를 가지면서 동굴 같은 느낌을 배가시켜준다. 위아래층 모두 집의 전체 구성이 한눈에 들어오지 않고 복도를 따라 걸으며 확인해야 알 수 있게 되어 있다(그림 139). 집을 구성하는 방들을 숨기려는 의도가 느껴진다. 혹은 벽체가 많이 쓰인 특징으로 정의될 수도 있다(그림 140). 중앙 복도를 따라 조금씩 파들어가면서 방들을 만든 것 같은 느낌이다.

그림 137
배병길, 오금리 주택,
경기도 파주군, 1994

이상과 같은 오금리 주택의 조형 특성은 이 건물만의 개성일 수 있다. 큰 문제는 없어 보인다. 매스를 잘 다루고 있으며 내외부 사이에 일정한 일치도 확인된다. 실내공간이 외관형태 구성의 결과

그림 138, 139
배병길, 오금리 주택,
경기도 파주군, 1994

로 읽힐 수 있다는 의미이다. 그러나 두 가지 아쉬운 점이 남는다. 한 가지는 아늑한 시골에 놓이는 집으로서 너무 폐쇄적이라는 점이다. 논과 산, 나무와 하늘이 많이 가려져 있다. 다른 한 가지는 기하단위 사이의 일부 여백이 사용하기에 불편해 보인다는 점이다. 이 여백들은 모두 베란다로 한정되어 있다. 그것도 2층에 몰려 있다. 일부는 실내에서 바로 접근이 안 된다. 다른 방을 거쳐 밖으로 나와 좁은 통로를 지나야 도달할 수 있다. 또다른 일부는 비정형으로 조각이 나 있다. 물리적 차원에서의 형태적 다양성이 실제 사용에서의 다양성으로 연결되지 못하고 있다.

이런 문제들은 한 가지 원인에서 나온 것으로 보인다. 모두 기

하 자체에 지나치게 집중한 결과이다. 앞의 한국 신학연구소에서 보았던 것과 같은 문제이다. 물론 오금리 주택은 한국 신학 연구소만큼 기하 자체의 조형성에 대한 집중이 심하지는 않다. 그러나 여전히 기하적 고려가 선행된 흔적이 발견된다. 여백과 베란다 사이의 관계는 그 좋은 예이다. 자연과의 단절도 마찬가지이다. 베란다라는 행태적 기능이 있는 것이며 더욱이 이것이 자연 속에 형성될 경우 갖는 의미와 특성이라는 것이 있다. 오금리 주택에서의 베란다는 이런 사항들을 심도 있게 고려하여 결정하였다기보다는 기하조작의 산물로 정의된 측면이 강하다. 오금리 주택에서의 기하조작 역시 상황에 따른 자연스런 분화보다는 처음부터 먼저 정해지는 우선권을 갖는 것으로 보인다. 기하요소 자체는 조형성을 확보하고 있으나 그것이 생활 속 행태와 융합하는 단계로까지 발전하지는 않고 있는 것 같다.

그림 140
배병길, 오금리 주택,
경기도 파주군, 1994

민대식 대 임장렬

4

파편과 사선

수원 대학교 음악대학 : 복층 켜와 영역

수원 대학교 음악대학은 삼각형을 주요 기하 모티브로 삼아 구성되고 있다. 삼각형은 3차원 매스보다는 사선어휘로 차용되고 있다. 사선은 톱니형태로 처리되고 있는데 이것은 다시 파편의 느낌으로 읽히고 있다. 삼각형이라는 기하요소를 파편의 개념으로 번안함으로써 조형성을 결정짓고 있다. 파편의 조형성은 건물 전체에 특유의 자극성 강한 시각요소를 형성하고 있다. 이런 특징은 특히 건물외관에서부터 잘 드러나 있다. 날카로운 모서리가 급하게 반복되고 있다(그림 141). 방 하나당 매스 한 개를 배당한 후 이것들을 45도 각도로 틀어 반복시키고 있다. 모서리의 서슬이 시선을 직접 겨누며 직각방향으로 나 있다. 이러한 사선이 3개 층에 걸쳐 지그재그식으로 엇갈리며 중첩되어 있다(그림 142). 이같은 수직중첩은 사선의 긴장감을 배가시킨다.

건물의 다른 쪽 면에서는 사선이 불규칙한 리듬으로 해석되어 표현되고 있다. 이런 내용은 건물의 매스 윤곽과 창 처리 두 군데에서 확인된다. 매스 윤곽은 벽 전체가 사선방향으로 꺾이면서 따내기가 가해지는 형국으로 처리되어 있다. 따내진 속면은 바깥쪽 벽체와 다른 색채로 처리되면서 전체 질서에 변형감을 주고 있다

그림 141, 142
민대식, 수원 대학교 음악대학,
경기도 화성군, 1999

(그림 143). 혹은 방 하나 크기의 육면체 매스 단위가 건물 전체의 평활한 벽면상에서 각도를 틀면서 돌출하기도 한다. 이런 처리는 벽면의 리듬감에 불규칙성의 파격을 만들어낸다(그림 144). 그러나 매스 윤곽에서 발견되는 이러한 불규칙성은 완전한 비정형으로 나가지는 않고 있다. 최소한의 리듬감을 가지면서 기하주의의 한계를 지켜내고 있다.

창 처리는 주제와 변주 개념을 차용하여 이루어지고 있다. 정사각형과 직사각형의 두 종류 형태가 주제 모티브를 이룬다. 정사각형 창은 밝은 색의 굵은 프레임을 갖는데 반해 직사각형 창에서는 프레임이 얇게 처리된 대신 벽면과 재료 분리가 일어나는 지점에 프레임 모양의 띠가 문양처럼 그려져 있다(그림 145). 수원 대학교 음악대학의 창은 이 두 가지 모티브를 주제로 삼아 변주 개념

그림 143, 144
민대식, 수원 대학교 음악대학,
경기도 화성군, 1999

에 의해 변형처리되고 있다. 주제의 통일성이 지켜지면서 변주의 다양성이 동시에 나타나고 있다. 통일성은 형태적 차원에서만 지켜질 뿐 규칙적 구성으로까지 발전하지는 않고 있다. 다양성은 혼란으로 흐르지 않은 채 변화감 있는 리듬을 형성하는 선에서 멈추고 있다(그림 146).

이상과 같이 수원 대학교 음악대학에서 사선은 일정한 선에서 자제되고 있는 느낌을 강하게 주고 있다. 급박하긴 하지만 쉼표는 지키고 있는 것 같다. 사선으로부터 번안된 파편의 조형감 역시 이에 따라 동일한 여유를 갖는 것으로 읽힌다. 수원 대학교 음악대학에서 파편은 해체건축 등에서 흔히 정의되는 것과 같은 파괴나 충돌 등의 극단적 비정형 질서로 느껴지지 않는다. 그 자체가 마지막 조형목적은 아니라는 의미이다. 그보다는 다른 목적으로 가는 중간단계로 파악된다. 절제되고 다듬어진 파편이라는 의미이다.

그림 145, 146
민대식, 수원 대학교 음악대학,
경기도 화성군, 1999

이렇게 다듬어진 수원 대학교 음악대학에서의 기하파편은 복층의 공간켜를 만들고 있다. 수원 대학교 음악대학의 실내는 일단 외관에서 본 것과 같은 사선과 파편의 자극적 장면으로 구성되어 있다. 천장에는 큰 톱니로 자른 듯한 자국이 그대로 남아 있다. 이곳을 통하여 들어오는 빛은 실내에 사선과 파편의 음영을 만들어 놓고 있다(그림 147). 시선방향을 달리하면 벽면이 이러한 톱니 자국을 기본단위로 삼아 서로 어긋나는 듯이 보인다(그림 148).

다른 곳에서는 벽면이 창 하나 크기를 기본단위로 삼아 뒤로 밀려나며 수평방향의 톱니형 구성을 이루고 있다(그림 149). 실내는 분산적이고 강한 인상을 준다. 이런 인상은 분명히 사선과 파편에서 나올 수 있는 대표적 인상 가운데 하나이다. 그러나 이번에도 이런 자극성은 혼란이나 파괴 같은 극단적인 비정형성으로 느껴지지 않고 있다. 외관에서와 마찬가지로 다음 목적을 위해 다듬어진 것으로 느껴진다. 그러한 다음 목적의 첫단계가 바로 복층의 공간켜이다.

수원 대학교 음악대학의 전체 구성은 삼각형을 하고 있다. 이 삼각형은 다시 세 부분으로 나뉜다(그림 150). 삼각형의 긴 변에 해당되는 복도를 따라 긴 선형 매스가 분리되어 있다. 이 부분은 프로그램상으로는 교수 레슨실이 병렬되어 있는 곳이며 조형적으로는 실내외로 볼 때 삼각형의 파편적 특징이 집중되어 있는 곳이

그림 147, 148
민대식, 수원 대학교 음악대학,
경기도 화성군, 1999

다. 삼각형의 나머지 몸통부분은 좌우가 비슷한 크기로 양분되어 있다. 그러나 이 양쪽 부분은 다른 구성을 하고 있다. 한쪽에는 강의실, 음향실, 오케스트라실 등 주로 교육을 담당하는 기능이, 다른 한쪽에는 강당이 들어가 있다. 이때 두 부분이 만나는 중앙지점에 다시 한번 삼각형의 파편적 특징이 집중되어 있다. 이 중앙지점은 첫번째 선형 매스와도 만나고 있기 때문에 결과적으로 수원 대학교 음악대학 전체에서 삼각형의 파편적 특징이 가장 두드러지게 나타나는 곳이다(그림 151).

수원 대학교 음악대학에서 삼각형의 파편은 이처럼 하나의 교육 기관을 담당하는 세 부분이 만나는 중심부분의 조형성을 결정한다. 이때 세 부분에서의 삼각형 파편성 처리는 각기 다르게 되어있다. 교수 레슨실이 담기는 선형 매스는 앞에서 언급한 톱니형

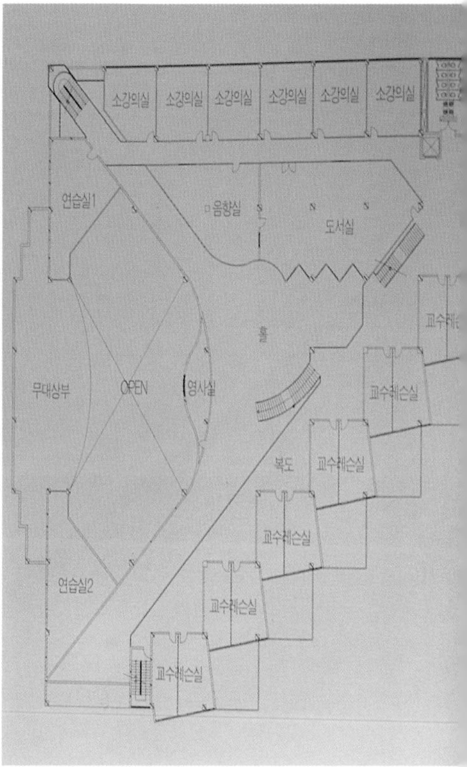

그림 149
민대식, 수원 대학교 음악대학, 경기도 화성군, 1999

그림 150
민대식, 수원 대학교 음악대학, 2층 평면도, 경기도 화성군, 1999

파편공간을 중심으로 형성되어 있다(그림 152). 교육을 담당하는 부분은 역시 앞에서 언급한 수평방향의 톱니형 구성을 하고 있다(그림 153). 교육을 담당하는 부분의 안쪽과 강당 부분의 전면은 부드러운 곡면으로 구성되어 있다. 이 곡면은 큰 매스 단위로 위아래로 나누어지면서 곡면 삼각형 같은 모습으로 변형되어 있다(그림 154).

이처럼 서로 다르게 처리된 세 종류의 삼각형 파편어휘들이 한 군데에서 만나면서 복층의 공간 켜가 형성되어 있다. 이때 복층의 공간 켜라 함은 각 삼각형 파편처리들이 자신들에 해당되는 매스 부분들을 대표하면서 서로 중첩되어 다양한 장면을 보여준다는 의미이다. 교육기능이 담기는 부분과 강당이 담기는 부분 사이에는 골목길 같은 좁은 복도가 나 있다. 그 위에는 삼각형 고깔 모양

그림 151, 152
민대식, 수원 대학교 음악대학,
경기도 화성군, 1999

의 천창이 뚫려 있다. 이 복도를 통해 실내 중심부로 진입하다보면 여러 층의 삼각형 파편공간이 중첩되어 나타난다. 사선방향으로 가로질러 놓인 베란다 난간과 천장이 하나의 공간을 형성한다(그림 155). 흰 벽 너머에는 톱니형으로 잘린 천장에서 빛이 떨어진다. 역시 사선방향으로 놓은 계단이 그 아래에서 빛을 받고 있다(그림 156).

이와 같은 삼각형 파편의 복층공간 장면은 다른 방향에서도 감상된다. 두 종류의 톱니형 공간이 충돌하면서 긴장감의 절정을 이루다가 이내 그 옆으로 곡면이 대비를 이루며 뻗어나가고 있다. 이 곡면은 건너편에서도 이어져오고 있다. 두 장의 곡면과 한 장의 천장이 만나는 지점에는 천창이 살짝 엿보이면서 작은 삼각형 구멍이 나 있다(그림 157). 삼각형을 이용하여 전혀 다른 분위기의 장면이 만들어지고 있다. 여체를 연상시키기까지 한다. 또 두 종류의 톱니형 공간이 충돌한 지점에서 곡면과 반대방향으로 계속 나아가면 3층으로 오르는 계단이 나 있다. 이 계단 자체가 사선구도를 형성하면서 톱니형 천장을 향하여 오르는 분위기를 만들어낸다(그림 158).

삼각형을 다르게 처리하면서 나온 이런 어휘들은 프로그램 구

그림 153, 154
민대식, 수원 대학교 음악대학,
경기도 화성군, 1999

성에 따른 각각의 대표성을 갖는다. 매스 분리가 명확히 되어 있기 때문에 더욱 그러하다. 공간의 혼합이 일어나고 있지만 이런 이유들로 인해 혼란이 아닌 일정한 질서를 갖는 복층구도를 형성하고 있다. 혹은 이 과정에서 실내에 일정한 영역이 만들어지고 있다. 교수 레슨실 앞에는 작은 공터가 만들어져 있다. 45도 각도로 틀어진 사각형 매스 단위 두 개가 직각으로 만나면서 그 사이에 공터가 형성되고 있다. 이 공터는 마름모와 삼각형의 중간 정도의 상태를 이룬다. 삼각형 모티브에서 나온 것으로 볼 수 있다.

이 매스 단위 하나에는 레슨실 두 개가 배당되어 있다. 이 공터를 면한 한쪽 매스 단위의 변에는 각 레슨실로 들어가는 출입문이 두 개 나 있다. 두 출입문은 공간을 바라보며 나란히 나 있다(그림 159). 공터 위에는 톱니형 천창이 뚫려 있다. 공터에는 빛이 밝게 비추이고 있다. 공터는 영역으로 발전한다. 영역을 살려주는 빛이다. 영역은 삼각형 모티브에서 나왔다. 영역을 살리는 빛 역시 삼각형 모티브인 톱니형 천창에서 나왔다. 수원 대학교 음악대학에서의 이 영역은 일정한 '건물 내부의 다양한 공공장소'로서 건축적 의미를 갖는다. 아직 단순 공터로 남겨져 있긴 하지만 사용자의 의도에 따라서는 영역으로 발전할 수 있는 가능성을 갖고 있는

그림 155, 156
민대식, 수원 대학교 음악대학,
경기도 화성군, 1999

것 같다. 단순 공터가 남겨진 이유도 무성의보다는 실내 전체를 주도하고 있는 장식절제 경향의 일환으로 보이기도 한다. 삼각형은 단순한 조형어휘가 아니라 건축적 의미를 갖는 다음 단계의 상태로 발전하고 있다.

영역의 개념 혹은 영역으로 발전할 가능성이 있는 공터로 해석되는 부분은 이외에도 여러 곳에 만들어져 있다. 강당을 담는 곡면 벽이 위아래로 어긋나면서 생긴 여백, 계단 슬라브의 안쪽 면을 지붕으로 삼은 처마 밑 같은 공간, 계단이 계단실과 어긋나면서 생긴 삼각형 조각공간 등이 그 예들이다. 이러한 영역들은 앞에서 언급한 복층의 공간 켜를 구성하는 주요요소이기도 하다. 단

그림 157, 158
민대식, 수원 대학교 음악대학,
경기도 화성군, 1999

순 조형조작 이상의 의미를 확보하고 있기 때문에 이것들이 중첩되면서 형성되는 공간 켜는 산란散亂으로 흐르지 않고 기능을 담을 수 있는 복층의 질서를 만들어놓고 있다(그림 160). 복층의 질서는 곧 현실의 복합성에 대응된다. 도형에서 출발한 기하가 적절한 조작과정을 거쳐 현실을 담을 수 있는 건축어휘로 발전하고 있다.

인천 시립 박물관 : 과장된 삼각형과 불일치

수원 대학교 음악대학에 형성된 복층공간과 영역은 일치의 산물

그림 159, 160
민대식, 수원 대학교 음악대학,
경기도 화성군, 1999

로 볼 수 있다. 삼각형을 기본 모티브로 삼아 파편을 추구하는 기하 조형조작이 외관과 실내골격에서 자연스럽게 하나가 되고 있음을 의미하는 것이다. 외관을 보면서 느꼈던 것과 비슷한 조형감이 실내에도 형성되어 있다는 의미이다. 그렇기 때문에 외관에서 가지게 되었던 시각적 조형감은 실내에 몸을 직접 담는 체험적 조형감으로 반복되고 있다. 이러한 반복이 바로 일치의 개념인 동시에 조형요소가 기능을 담는 공간요소로 발전한 경우에 해당된다. 일치가 일어날 때 조형조작은 건축적 타당성을 확보할 수 있다.

일치를 이와 같이 정의할 경우 인천 시립 박물관은 다소 애매한 상태에 놓인 것으로 볼 수 있다. 일단 인천 시립 박물관 역시 삼각형을 기본 모티브로 삼아 구성되어 있다. 기본개념에서 수원 대학교 음악대학과 유사성을 갖는다. 실제 건물 모습 또한 그러하다.

그러나 쓰이고 있는 삼각형 크기가 수원 대학교 음악대학만큼 잘게 나뉘어 있지는 않다. 이 때문에 파편의 느낌은 적게 든다(그림 161). 그 대신 사선의 긴장감이 극대화되어 있다. 삼각형은 송곳끝 같은 날카로운 예각을 이루며 허공을 향하여 이쪽저쪽을 찔러대고 있다(그림 162). 이러한 사선의 예각다움은 일정 부분 기하충돌의 조형 개념으로부터 만들어진 것으로 보인다. 이상을 종합해볼 때 인천 시립 박물관은 기하충돌에서 파생된 사선과 예각을 주요 조형성으로 갖는다.

실내에 있어서 인천 시립 박물관은 수원 대학교 음악대학만큼의 일치를 보여주지 못하고 있다. 그러나 완전한 불일치라고 보기에는 실내에도 일정한 정도의 삼각형 어휘가 쓰이고 있다. 이것은 일치 문제에 있어서 인천 시립 박물관이 애매한 상태에 있다는 의미이다. 이러한 애매함은 곧 인천 시립 박물관에서 삼각형과 사선이 갖는 건축적 의미를 결정짓는 기준이 되기도 한다. 애매함은 일치와 불일치의 양 측면을 갖

그림 161, 162
임장렬, 인천 시립 박물관,
인천, 1990

그림 163, 164
임장렬, 인천 시립 박물관,
인천, 1990

는다는 의미이다. 일치의 측면에서 볼 때 인천 시립 박물관에서 삼각형과 사선은 수원 대학교 음악대학의 파편적 삼각형 어휘와 유사한 건축적 의미를 획득하는 것으로 해석될 수 있다. 반면에 불일치로 해석될 경우 삼각형과 사선은 건축어휘로 발전하지 못한 채 단순 조형어휘에 머문 것으로 해석될 수 있다.

먼저 일치로 해석될 수 있는 측면을 보자. 실내에서 삼각형이 쓰이고 있음을 보여주는 부분은 단연 중앙 홀의 천장이다. 이 부분은 삼각형 두 장이 겹쳐지는 형국으로 처리되어 있다(그림 163). 이런 처리는 건물의 외관 전체를 결정짓고 있는 삼각형 충돌의 조형구성을 반영한 것으로 볼 수 있다. 홀 공간의 크기와 구성도 천장고에 알맞게 결정되어 있다. 홀 공간의 비례가 적절히 책정된 것 같아 보인다. 홀은 상당히 긴 길이를 갖는 직사각형 공간으로 구성되는데 이 길이는 높은 천장고와 어울리고 있다. 천장에 쓰인 삼각형 모티브를 충분히 감상할 수 있는 공간을 확보하여

그림 165
임장렬, 인천 시립 박물관,
인천, 1990

주고 있다(그림 164).

또한 홀 공간은 긴 경사로가 중간에 한번 꺾이며 가로지르고 있다. 계단을 대신하여 한 층을 오르고 있다. 공간을 둘로 가르는 경사로는 그 위 천장의 삼각형 구성과 유사한 분위기를 만들어내고 있다(그림 165). 경사로를 따라 움직이는 동선의 방향이 삼각형이 지시하는 방향과 동일하게 형성되어 있다. 인천 시립 박물관의 내외부 일치도는 수원 대학교 음악대학에서만큼 크지는 않다. 그러나 박물관이라는 기능을 생각해보면 최소한의 일치는 일어난 것으로 볼 수도 있다. 이런 사실은 수원 대학교 음악대학이 학교라는 기능상 삼각형이나 사선을 쓰기가 더 쉬운 것과 비교해보면 더 잘 알 수 있다.

박물관은 전시를 위해 일정한 면적 이상을 갖는 정형적 사각형 공간을 필요로 한다. 이 때문에 박물관의 중심공간인 전시공간에는 사선과 예각을 쓰기가 사실상 불가능해진다. 이때 나머지 공간에 사선과 예각을 쓸 경우 실내공간은 조각이 나는 등 지나치게 혼잡해질 수 있다. 이것은 좋지 않다. 왜냐하면 전시공간이 일정한 면적을 갖는다면 이것을 지원하는 나머지 공간 역시 그러한 것이 좋을 수 있기 때문이다. 이런 상태에서 중앙 홀에 경사로를 두고 그 천장을 삼각형 두 장이 겹치는 형국으로 만든 처리는 일치를 위한 고민의 흔적을 보여준다.

이와 반대로 불일치의 측면을 보자. 두 장의 삼각형이 겹치는 모습은 단순히 천장 면을 아주 조금 어긋나게 하는 선에 머물고 있다. 면 조작에 불과할 뿐 실내외 일치의 중요한 기준이 되는 공간골격과는 무관한 처리이다. 이것은 일치로 정의될 수 있는 기준을 만족시키지 못하고 있음을 의미하는 것으로 볼 수 있다.

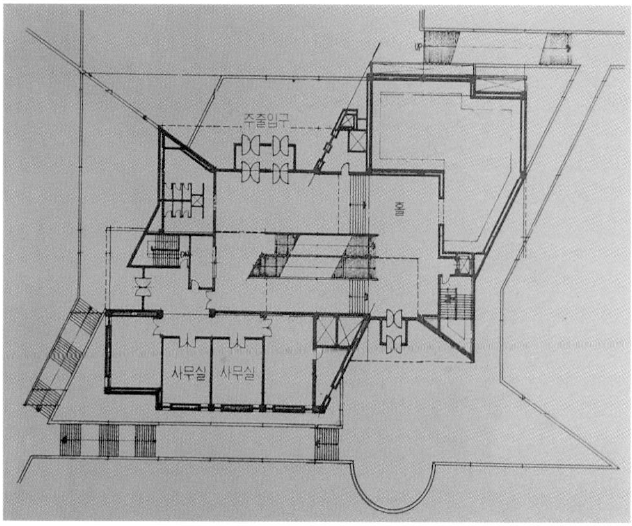

그림 166
임장렬, 인천 시립 박물관, 1층 평면도, 인천, 1990

이런 현상은 이미 건물외관에서부터 나타나고 있다. 삼각형은 건물의 본체 골격에는 거의 안 쓰이고 지붕에만 쓰이고 있다. 본체에는 계단실이나 화장실 같은 서비스 공간에만 아주 미미하게 삼각형이 쓰이고 있을 뿐 전체 구도는 사각형으로 구성되어 있다(그림 166). 본체에 한두 군데 쓰인 삼각형은 사각형의 전체 구도에 대한 부분적 파격의 기능은 할지 몰라도 지붕을 덮고 있는 거대한 삼각형과 자연스러운 일치는 보여주지 못하고 있다(그림 167). 한마디로 사각형 몸통에 삼각형 지붕을 씌워놓은 셈이다(그림 168). 불일치에 가깝다고 볼 수 있다. 천장에 쓰인 삼각형은 이러한 지붕구도를 반영한 것에 지나지 않는다. 실제로 실내를 보더라도 삼각형이 온전히 제 모습을 드러낸 곳은 이곳 천장 한 곳뿐이다. 이것은 일치라고 하기에 충분치 않아 보인다. 외관에서의 불일치가 내부에서도 반복되고 있는 것이다.

이런 상황은 박물관이라는 건물의 기능과 관련이 있어 보인다. 박물관은 온전한 사각형 모양의 전시공간을 필요로 한다. 삼각형

을 쓰기에 불리한 기능유형이라는 의미이다. 앞에서는 이러한 불리함에도 불구하고 일정한 일치를 시도한 내용에 대해 살펴보았다. 그러나 반대로 바로 이러한 불리함 때문에 이 건물은 원천적으로 불일치가 일어날 수밖에 없는 한계를 갖는 것으로 볼 수도 있다. 전시공간에 사선과 예각이 나타날 경우 전시라는 건물의 기본기능 자체가 어려워지거나 혹은 공간효율이 떨어지게 된다. 이렇게 보았을 때 박물관에 삼각형과 사선이라는 모티브를 가정한 사실은 처음부터 일치를 의도하지 않은 것으로 보인다.

그림 167, 168
임장렬, 인천 시립 박물관, 인천, 1990

그럼에도 삼각형을 사용하였다. 그것도 아주 자극과 과장이 심한 사선과 예각 어휘로 쓰고 있다(그림 169). 이때의 삼각형은 단순 조형물로 읽힌다. 조각품 하나 얹고 있는 것과 큰 차이가 없다는 의미이다. 단순 시각요소 이상의 건축적 의미를 못 갖는 것으로 볼 수 있다. 이것이 건축적 의미를 갖는 경우는 단 한 가지 대중성이라는 관점에서뿐이다. 시립 박물관이 갖는 대중성의 관점에서는 이러한 시각요소도 일정한 역할을 할 수도 있다. 형태 인지도의 측면에서는 효과적일 수도 있다. 그러나 삼각형이라는 특수한 기하형태를 차용하여 과장된 사선과 예각을 만들어낸 조형조작의 과도함에 비추어 그 건축적 효용은 떨어지는 것으로 보인다. 삼각형은 사선과 예각으로 과감하게 변형되고 있지만 그 목적은 현실과의 어울림은 아닌 것으로 보인다. 도형 자체의 기하적 조형성에 머물고 있는 것으로 보인다.

그림 169
임장렬, 인천 시립 박물관,
인천, 1990

3

기하와 상징

1.
민경식 대 민경식 : 기하추상과 상징
기하, 세상, 사물 **직유, 은유, 환유, 제유** | '99 강원도 국제 관광 엑스포 주제전시 영상관 **직유+제유 대 은유+환유**

2.
노진석 대 김영섭 : 직유 대 환유
해운대구 좌동 성당 **구상적 직유와 환유** | 청양 성당 **추상적 직유와 환유**

3.
김정식 대 김기웅 : 은유 대 제유
이화여대 박물관 **직유적 은유와 제유** | 달마 회관 **은유적 환유와 은유적 제유**

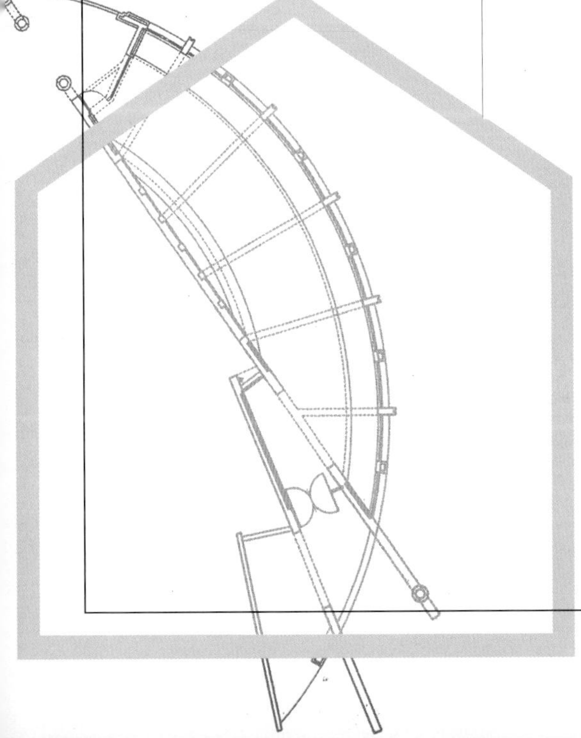

민경식 대 민경식

1

기하추상과 상징

기하, 세상, 사물 : 직유, 은유, 환유, 제유

세상은 수많은 사물들로 이루어진다. 그리고 모든 사물은 형상을 갖는다. 대부분의 형상은 다시 상징성을 갖는다. 사물은 관습과 추억, 제의祭儀와 법제를 통해 정신적 가치를 획득한다. 이러한 정신적 가치는 반복과 전승을 거쳐 고착되면서 상징이 된다. 상징이란 정신적 가치가 한 사회단위의 일정 수 이상 사람들 사이에 보편적 동의를 얻은 경우를 의미한다. 상징은 이처럼 현실세계를 바탕으로 시작된다. 사회단위 및 이것을 구성하는 사람들은 바로 현실세계이기 때문이다. 상징은 현실의 가장 적나라한 상태일 수 있다. 현실은 상징으로 가득 차 있다는 의미이다. 사람들은 사물 하나에도 의미를 부여한다. 그 의미가 일정한 구속력을 가질 때 이것은 또한 상징이 된다.

상징은 정신적 상태의 현실이다. 그러나 이것은 사물을 통해 표현된다. 사물은 형상으로 구성된다. 따라서 상징은 형상을 통해 표현된다. 이것은 현실에서 사물의 상태로 존재하는 상징의 경우이다. 예술은 이러한 현실적 상징을 해석하여 번안해내는 작업이다. 건축적 상징 역시 형상 및 이것에 담긴 정신적 가치로 이루어진다. 이때 관건은 현실적 상징과 건축적 상징 사이의 관계이다.

이러한 관계에 대하여 몇 가지 고려 사항을 생각해볼 수 있다. 현실적 상징을 구성하는 사물의 형상과 정신적 가치라는 두 가지 요소와 건축적 상징을 구성하는 동일한 두 가지 요소를 둘러싼 상호 교합의 관계들이 그것이다.

현실적 상징을 구성하는 형상과 정신적 가치 사이의 관계는 현실세계에서 먼저 정해져 주어진다. 이 관계는 예술작업에 선행하여 이미 존재하는 사실로 주어진다. 그렇다고 물론 그러한 관계의 모든 종류가 일목요연하게 정리된 상태로 주어지는 것은 아니다. 어떤 관계가 존재하는지를 찾아내거나 결정하는 작업부터가 예술의 시작이다. 나아가 현실세계에서 존재하는 형상과 정신적 가치 사이의 상징적 관계를 건축적으로 해석해내는 작업이 예술행위의 핵심이다. 현실세계에서 관습적으로 고착되어 있는 관계를 전면 부정할 수 있다. 이와 반대로 있는 그대로 받아들일 수 있지만 그렇더라도 표현과정에서는 일정한 각색이 필요하다.

현실적 상징의 형상과 건축적 상징의 형상 사이에는 여러 종류의 관계가 있을 수 있다. 이 가운데 기하와 연관이 있는 것은 '구상 대 추상'의 문제이다. 현실세계의 사물이 갖는 있는 그대로의 형상은 구상이다. 예술세계의 형상은 이것에 대한 유사성의 입장에 따라 그 경향이 결정된다. 그러나 아무리 현실세계와 똑같이 닮으려고 해도 예술세계는 현실세계와 영원히 같아질 수 없다. 예술세계의 형상은 현실세계의 그것에 대해 항상 일정한 각색을 가한 결과이며 각색의 정도에 따라 두 형상 사이의 차이가 결정난다. 추상은 가급적 현실적 형상이 갖는 사물적 모습을 지우고 본질요소로의 환원을 추구한다.

기하는 이러한 추상적 환원경향을 대표하는 매개방식 가운데 하나일 수 있다. 기하는 단순성과 본질성을 기본특성으로 갖는데 이런 특성들은 추상의 환원적 경향과 잘 부합된다. 기하 역시 환원적 세계관을 바탕으로 갖는다는 의미이다. 기하와 추상은 동전의 양면 같은 상관성을 갖는다. 이런 경향은 기하 추상주의 정도로 불릴 수 있다. 기하 추상주의는 사물의 형상이 기하로 구성되어 있다는 믿음 위에 형성된다. 그러나 사물의 형상에는 기하적 구성이 직접 드러나 있지는 않다. 예술은 사물로부터 이러한 기하적 구성을 찾아낸 뒤 이것을 더욱 환원시켜 가장 기본적 상태로 보여주는 작업이라고 정의한다.

그러나 기하주의가 반드시 추상적 조형관과 부합되는 것만은 아니다. 상징을 표현할 때가 바로 그러한 경우이다. 상징의 내용이 무엇인지를 알게 해줄 수 있는 최소한의 사물성을 지켜야 하는 문제가 있다. 이러한 사물성의 개념이 다름아닌 구상이다. 사물의 형상이 단순 도형상태로 환원되는 데에 한계가 주어진다는 의미이다. 건축적 형상에는 사물의 형상을 구성하는 원형요소가 어떤 식으로든 남아 있어야 한다. 특히 상징의 내용을 조금이라도 직접적으로 표현하고자 할 때는 더욱 그러하다. 혹은 상징의 관습적 내용을 받아들일 경우 또한 그러하다.

건축의 경우는 조금 어렵다. 관례적으로 건축에서는 현실적 상징의 형상을 직접 표현하는 경향을 안 좋은 것으로 보기 때문이다. 사물 형상의 직접 차용은 건축에서는 하수下手들이나 하는 것으로 인식되어온 측면이 강하다. 보수적이라고 할 수도 있는 시각이다. 그러나 건축에서는 매우 일반화되어 있는 시각이다. 현대건축에서는 사정이 조금 달라지고 있긴 하다. 1960년대 이후 팝pop 계열의 건축운동에서 이런 보수적 시각을 편견으로 파기한 시도들이 시작되어 일정한 뿌리를 내리고 있다. 건축에서도 사물의 형상을 보다 직접적으로 차용하는 예들이 나타나고 있다. 이런 예들은 상징을 추구하는 건축경향과 일치된다.

기하는 이처럼 일정한 구상적 사물성이 표현되어야 하는 경우에도 여전히 유효한 매개가 될 수 있다. 특히 건축의 경우 그러하다. 왜냐하면 건축은 물리적 구조물을 통하여 그러한 사물성을 표현해야 되는데 기하가 이러한 목적에 잘 맞기 때문이다. 구조물은 회화나 조각과 다르다. 회화나 조각만큼 사물성을 정밀하게 모사하는 것이 불가능하다는 의미이다. 기능을 담는 입체가 확보되어야 하고 다시 이것을 구조물로 세우기 위해서는 일단 일정한 크기 이상의 매스를 가져야 한다. 구조적 관점에서 건축의 구성법칙을 지키다보면 더욱 그러해진다. 기둥과 보를 세우고 창이 뚫려야 한다. 사물성이니 상징성이니 하는 논의는 이런 기본조건이 만족된 다음의 얘기이다. 그런데 이런 기본조건은 종종 사물성의 표현과 배치되기 쉽다.

이런 조건들을 만족시키면서 사물성을 표현하기에는 기하가 제격이다. 기하는 일정한 매스 형상을 유지시켜준다. 이와 동시에 기하는 구상과 추상 모두를 포괄해온 오랜 전력을 가지고 있다. 현실 사물의 형상에 대한 암시기능을 유지하되 그것을 직접적 차용이 아닌 일정한 추상적 각색을 통해 표현할 수 있다는 의미이다. 더욱이 이런 내용들을 건축이라는 제한성 강한 장르를 통해 표현할 경우 기하는 큰 유용성을 갖는다. 기하는 건축에서 상징성을 표현하기에 적합한 매개 가운데 하나이다.

현실적 상징의 정신적 가치와 건축적 상징의 정신적 가치 사이에는 해석의 문제가 있다. 현실적 상징의 정신적 가치를 어떻게 해석하느냐의 기본적 예술관 문제이다. 그러한 가치를 더욱 강도 높게 농축시킬 수도 있고 여러 개의 가치를 혼합할 수도 있다. 역설이나 패러디는 자주 나타나는 예술관이기도 하다. 이러한 두 정신적 가치 사이의 관계는 앞의 두 형상 사이의 유사성과 함께 작용한다. 예를 들어 패러디적 해석은 두 형상 사이에 그에 맞는 왜곡성이 함께 표현되어야 완성된 예술세계를 이루게 된다.

마지막으로 건축적 상징을 구성하는 형상과 정신적 가치 사이에는 건축이라는 장르 특유의 기법들이 적절히 구사되었는가 하는 문제가 있다. 예술적 목적을 표현하는 데에는 장르 고유의 매개와 구성기법들이 있게 마련이다. 장르간 혼합경향이 시각예술의 최근 유행이긴 하지만 그렇더라도 하나의 장르가 정의되기 위해서는 지켜져야 하는 한계가 있다. 물리적 구조물이라는 기본조건을 갖는 건축의 경우는 그런 한계가 비교적 강한 장르에 속한다. 상징성의 표현에 집중하다보면 이런 한계가 큰 제약으로 작용한다. 자칫 다른 장르의 기법을 차용하기 쉽다. 그 경우 건축의 장르적 순도는 떨어진다. 건축은 조각이나 공예가 아니기 때문이다.

상징을 표현하는 수사학에는 대표적인 네 가지 기법이 있다. 직유, 은유, 환유, 제유가 그것이다. 표현하고자 하는 내용과 매개 사이의 관계에 따른 분류이다. 이것들은 문학 같은 글쓰기 장르에서 주로 쓰이는 기법들이다. 그러나 건축적 해석에도 일정 부분 응용될 수 있는 측면을 갖는다. 직유와 은유는 직접적 연관성의 정도에 따른 분류이다. 이것은 건축의 경우 유사성의 정도로 환산될 수 있다. 환유는 구체성과 추상성 사이의 관계에 따른 분류이다. 이것은 건축의 경우 구상 대 추상의 주제로 환산될 수 있다. 제유는 부분과 전체 사이의 관계에 따른 분류이다. 이것은 건축의 경우 대표성의 문제로 환원될 수 있다.

아래의 다섯 작품은 이와 같은 수사학 기법의 내용을 잘 보여주는 예들이다. 또한 이 내용을 모두 기하를 이용하여 표현한 공통점을 갖는다. 이들 건물은 모두 상징성의 표현을 추구하는데 그 방식과 내용에 있어서 수사학 기법들로 해석될 수 있는 측면을 많이 갖는다. 민경식의 '99 강원도 국제 관광 엑스포 주제전시 영상관은 가히 수사학 기법의 집결판이라 할 만하다. 이 건물에서는 수사학의 네 가지 기법 모두가 관찰된다. 노진석의 해운대구 좌동 성당과 김영섭의 청양 성당은 둘 모두 직유와 환유가 합쳐진 예에 해당된다. 김정식의 이화여대 박물관은 은유와 제유가 합쳐진 예에 해당된다. 김기웅의 달마 회관은 은유와 환유가 합쳐진 예에 해당된다.

'99 강원도 국제 관광 엑스포 주제전시 영상관 : 직유+제유 대 은유+환유

'99 강원도 국제 관광 엑스포 주제전시 영상관은 건축에서 기하를 이용한 상징처리의 종합 집결판이다(그림 170). 주제전시 영상관은 일단 외관에서 감자바위와 비조飛鳥의 두 가지 형상을 상징한다. 감자바위는 강원도를 상징하는 점에서 제유提喩에 해당된다. 비조는 미래를 상징하는 점에서 환유換喩에 해당된다. 상징탑 역시 동일한 내용에 의하여 환유적 상징의 예를 보여준다. 이때 감자바위의 형상은 직설적으로 표현된 점에서 다시 직유에 해당된다. 반면에 비조의 개념은 은유적 형상표현의 내용을 보여준다. 상징탑은

그림 170
민경식, '99 강원도 국제 관광 엑스포 주제전시 영상관, 강원도 속초시, 1999

형상표현에 있어서 어느 한 가지로 정의되기 어려워 보인다.

감자바위를 통한 직유와 제유의 내용을 보자. 주제전시 영상관은 긴 선형구성을 하고 있다. 그 한 가운데에 커다란 다면체가 위치하고 있다. 이 다면체는 감자바위를 상징한다(그림 171). 일단 형상을 보자. 상당히 직설적이다. 감자를 구성하는 구상적 사물성은 둥근 비정형 형태, 울퉁불퉁한 곡면, 감자 특유의 껍질 표면 등이다. 주제전시 영상관의 다면체는 이 가운데 적어도 앞의 두 가지 특성을 표현하고 있다. 아직은 그다지 닮지는 않았다. 감자 특유의 껍질 표면이 표현되지 않았기 때문이다.

그러나 바위라는 형상에 비교해보면 많이 닮았음을 알 수 있다. 강원도 산간 아무 곳에서나 흔히 볼 수 있는 바위의 모습과 닮았다. 강원도의 이미지와 관련하여 감자와 바위는 밀접한 상징적 연관성을 갖는다. 이 때문에 바위와의 유사성은 감자와의 유사성을 함께 강화시켜 준다. 주제전시 영상관의 다면체는 이처럼 바위와 감자를 합한 형상을 비교적 직접적으로 표현한 예를 보여준다. 한눈에 감자바위임을 알아볼 수는 없지만 감자바위라는 말을 한번만 들으면 더이상 설명 없이 즉각 연상이 가능하다. 직유로 볼 수 있다.

그림 171, 172
민경식, '99 강원도 국제 관광 엑스포 주제전시 영상관, 강원도 속초시, 1999

주제전시 영상관에서의 직유는 기하를 이용한 추상적 각색을 통하여 시도되고 있다. 기하추상성은 형태윤곽과 재료 두 가지 측면에서 관찰된다. 형태윤곽은 주로 기하적 성격을 결정한다. 감자바위를 상징하는 다면체는 직선만으로 구성된다(그림 172). 감자바위의 구상적 사물성 가운데 하나는 곡선 유기형태이다. 주제전시 영상관의 다면체는 이것을 단순화시킨 환원처리에 해당된다. 환원처리의 구체적 어휘인 직선은

그림 173
민경식, '99 강원도 국제 관광 엑스포 주제전시 영상관, 강원도 속초시, 1999

곡선의 구상성에 대비시켜 볼 때 본질요소에 해당된다. 따라서 직선을 이용한 단순화는 기하추상으로 정의될 수 있다.

재료 역시 유리라는 산업재료 한 가지만으로 구성되어 있다. 산업재료는 건축에서 추상성을 결정하는 중요한 요소이다. 디테일도 유리의 추상적 특성을 극대화하는 방향으로 처리되고 있다(그림 173). 유리 사이의 이음새를 가능한 한 최소화시킨 하이테크 건축 계열의 디테일이 쓰이고 있다. 근대 구조기술이 갖는 산업적 성격의 극대화를 통해 추상성이 표현되고 있다. 이처럼 재료는 주로 추상성을 결정하고 있는 것이다. 이것은 형태윤곽이 갖는 기하적 특성과 합쳐져 이 건물 전체의 기하추상성으로 나타난다(그림 174).

주제전시 영상관에서는 이처럼 기하추상을 이용하여 구상사물을 표현하고 있다. 건축에서도 구상사물은 물론 직접적 형태로 차

그림 174, 175
민경식, '99 강원도 국제 관광 엑스포 주제전시 영상관, 강원도 속초시, 1999

용될 수 있다. 이 경우 팝 계열의 건축운동이 된다. 이런 경향은 어떤 면에서는 건축의 고유한 장르적 특성을 벗어난 처리이다. 이에 반해 주제전시 영상관에서는 건축이 갖는 장르적 특성은 지키면서 구상사물성을 표현하기 위한 양면적 매개로 기하추상이 사용되고 있다. 추상과 구상이라는 상반된 조형 개념 사이에 적절한 연상작용이 일어나고 있다. 기하추상을 이용한 직유의 좋은 예로 볼 수 있다.

혹은 기하추상은 이 건물의 또다른 상징내용인 미래라는 이미지 때문에 차용된 것으로 보이기도 한다. 구상사물을 직접적 형태로 차용하는 경향에는 분명히 미래의 개념은 빠져 있다. 이보다는 현재상황에 대한 해석에 치중하는 조형관으로 볼 수 있다. 이에 반해 기하추상은 미래에 대한 일정한 상징성을 갖는다. 그것은 기하와 추상이 모두 현실에 대한 일정한 초월성을 기본개념으로 갖기 때문이다. 이러한 현실 초월성이 시간의 개념으로 해석될 경우 미래에 대한 상징성을 획득한다(그림 175).

감자바위를 둘러싼 주제전시 영상관에서의 직유는 곧 제유이기도 하다. 제유란 부분으로 전체를 나타내는 수사법이다. 이때 부분과 전체 사이의 관계는 특수와 보편 혹은 개체와 일반 사이의 관계로 해석될 수도 있다. 예를 들어 '밥만 먹고 살 수 없어요' 라

그림 176, 177
민경식, '99 강원도 국제 관광 엑스포 주제전시 영상관, 강원도 속초시, 1999

는 말에서 '밥'이 음식을 의미하는 경우이다. 주제전시 영상관도 마찬가지이다. 감자바위라는 개체요소가 강원도라는 전체를 상징하고 있는 점에서 제유가 일어나고 있다(그림 176).

주제전시 영상관의 감자바위를 다룬 기하추상 기법은 제유라는 관점에서 보면 일정한 타당성을 갖는다. 제유는 개체에 의해 일반을 나타내는 기법이다. 이때 일반성이 확보되기 위해서는 개체를 대표할 수 있는 원형요소가 가정되어야 한다. 구상적 유사성보다는 기하추상이 이러한 대표성을 확보하기에 적합한 매개이다. 감자바위를 어떤 한 가지 특정형상으로 만들 경우 이 형상이 수많은 다른 형태의 감자바위를 대표할 수 있느냐는 문제에 직면하게 된다. 기하추상을 이용한 구상표현은 이 문제로부터 자유로울 수 있다. 감자바위를 비정형 다면체라는 원형요소로 유형화시켰기 때문이다. 원형요소는 구상사물에 대한 대표성을 갖는다.

제유의 표현기법으로 구상과 추상 가운데 어느 것이 더 적합한가의 문제는 시각예술에 한정된 것일 수 있다. 표현매개가 형태라는 시각요소인 장르의 문제라는 의미이다. 이것은 제유의 원래 출처인 문학과 비교해보면 명확해진다. '밥만 먹고 살 수 없어요'라는 예를 다시 보자. 문학의 경우 표현매개는 '밥'이라는 문자로 모든 것이 완료된다. 그 다음은 해석으로 넘어간다. 그러나 시각

예술의 경우는 한 단계가 더 남아 있다. '밥'을 어떠한 시각요소로 표현할 것인가의 문제이다. '밥'을 그야말로 쌀로 만든 밥 그것에 한정시켜 이것과 똑같이 그릴 수도 있다. 혹은 반찬과 국을 포함하여 우리가 먹는 일상생활 속의 백반으로 그릴 수도 있다. 이외에도 다른 예들을 얼마든지 생각해볼 수 있다. 형상을 통한 표현되는 개체가 갖는 대표성의 문제인 것이다.

그림 178
민경식, '99 강원도 국제 관광 엑스포 주제전시 영상관,
강원도 속초시, 1999

시각예술은 이처럼 제유를 표현할 경우 개체와 전체 사이의 관계만 있는 것이 아니라 개체들 사이의 대표성 문제라는 또 하나의 문제가 더 생기게 된다. 이것은 시각예술만이 갖는 장르적 특성이다. 주제전시 영상관에서는 감자바위라는 개체를 기하추상으로 표현함으로써 일정한 대표성을 확보하고 있다.

비조를 통한 은유와 환유의 내용을 보자. 먼저 형상을 보자. 비조란 말 그대로 날아오르는 새이다. 주제전시 영상관은 이러한 형상을 본뜬 것이기도 한다. 한가운데 커다란 다면체를 갖는 긴 선형구성은 날아오르는 새의 형상을 표현한다. 가운데 다면체는 새의 몸통을, 그리고 양쪽의 긴 선형 매스는 날개를 각각 상징한다(그림 177). 가운데 다면체만 놓고 보면 감자바위를 상징하는 것

그림 179
민경식, '99 강원도 국제 관광 엑스포 주제전시 영상관, 강원도 속초시, 1999

으로 볼 수도 있지만 양쪽의 선형 매스까지 함께 생각하면 날아오르는 새의 모습에 더 가까워 보이기도 한다.

주제전시 영상관에서 날아오르는 새의 모습은 한눈에 파악되지는 않는다. 감자바위와는 다르다. 일단 건물규모 면에서 가까이에서 전모를 파악하기에 너무 크다. 길 건너 멀리에서 보지 않는 한 주제전시 영상관은 부분적으로밖에는 파악되지 않는다. 형상을 처리한 내용을 보더라도 날아오르는 새와 직접적으로 연관이 될 만한 장면은 발견되지 않는다. 직접적 형상 모사를 피하고 있다. 앞의 상징탑에 올라가서 내려다보면 날아오르는 새의 모습처럼 보이기는 하나 이번에는 거리와 위치가 문제가 된다(그림 178). 날아오르는 새의 모습을 위에서 내려다보면 그 멋은 크게 감소된다. 거리도 너무 멀다. 전체적으로 보아 '날아오르는 새' 라는 설명을 듣는 순간 떠오르는 연상의 강도나 직접적 연관성은 감자바위 경우만큼 강하지 않다. 직유와는 거리가 있어 보인다.

주제전시 영상관에서 날아오르는 새의 형상은 사선과 예각이라

는 기하요소를 통하여 표현되고 있다. 역동적 리듬감이나 활동적 긴장감 같은 감흥의 상태로 번안되어 표현되고 있다(그림 179). 이것은 은유일 수 있다. 건물 주위를 돌면서 바라보았을 때 시시각각 변하는 사선과 예각은 하늘을 향하여 차고 오르는 흥분감을 불러일으킨다. 그러나 새의 모습과 직접 닮은 부분은 없다. 그럼에도 새의 날갯짓 같은 에너지의 분출이 느껴진다. 이러한 느낌을 통해 날아오르는 새의 상태를 표현하고 있다. 일종의 이미지로 읽힌다(그림 180). 은유이다. 물론 시각예술에서의 경우이다. 은유는 다른 기법들과 달리 시각예술로의 전환적 응용이 드문 경우에 속한다. 주제전시 영상관에서 날아오르는 새를 표현한 이런 처리들은 시각예술에서의 은유에 해당되는 예이다.

주제전시 영상관에서 표현된 날아오르는 새의 이미지는 미래를 상징한다. 속초라는 동해안의 지리적 위치는 이런 상징성을 배가

그림 180
민경식, '99 강원도 국제 관광 엑스포 주제전시 영상관, 강원도 속초시, 1999

시킨다. 태평양을 면하고 있기 때문이다. 태평양은 미지의 세계라는 배경으로 작용한다. 미지의 세계를 향하여 날아오름으로써 미래에의 상징성은 배가된다. 이러한 비조의 이미지는 환유의 의미를 갖는다. 환유란 구체적인 내용을 가지고 추상적 상태를 표현하는 수사법이다. 이때 구체성과 추상성 사이의 관계는 물리성과 정신성 혹은 질료와 순수형상 사이의 관계로 해석될 수 있다. 주제전시 영상관에서는 날아오르는 새의 모습이라는 물리적 형태를 이용하여 미래를 향한 비상이라는 추상적 가치를 표현하고 있다. 이것은 환유일 수 있다. 콘크리트와 유리라는 질료를 빗어 미래라는 순수형상의 이미지를 표현하고 있다.

주제전시 영상관에서는 이처럼 수사법을 구성하는 네 가지 대표적 기법이 모두 시도되고 있다. 가히 상징처리의 교과서라 할 만하다. 그 기법들이 목표하는 바도 명확해 보인다. 기하추상은 이런 수사기법들을 하나로 묶어주는 핵심매개이다. 이런 점에서 기하를 이용한 상징표현의 좋은 예라 할 만하다. 물론 문제점도 파악된다. 조형적으로 무리가 있어 보이기도 한다. 사용자측에서 불편과 공간낭비를 호소하기도 한다. 건물의 심장이라 할 만한 감자바위는 내외부 사이에 완전한 불일치가 일어나고 있다. 실내공간 골격에 외관의 다면체 형태는 거의 나타나지 않고 있다(그림 181).

모두 기하 조형주의에서 조형성에 치중할 경우 발생하는 문제들이다. 이런 문제들은 틀림없이 이 건물의 단점으로 남을 것이다. 다른 한편 이 건물은 박람회 건물이라는 기본목적을 잘 만족시키고 있다. 박람회 건물에 요구되는 대중성과 상징성을 표현하는 데 성공하고 있는 것으로 보인다. 잘된 점과 문제점 사이의 편차가 조금 커 보이기는 한다. 그러나 기하 상징주의라는 관점에서 보면 주제전시 영상관은 앞과 같은 많은 내용을 보여주는 대표적 예라 할 수 있다.

상징처리와 관련하여 주제전시 영상관에 나타난 또다른 중요한 내용은 수사학의 기법들이 짝을 이루어 작동한다는 사실이다. 건축에서의 상징작용은 직유와 은유 가운데 한 가지와 환유와 제유 가운데 한 가지가 짝을 이루어 일어나는 경우가 많다. 주제전시 영상관에서는 감자바위의 상징성과 관련해서는 직유와 제유가, 비조의 상징상과 관련해서는 은유와 환유가 각각 짝을 이루었다. 직유와 은유는 건물과 표현하고자 하는 대상물 사이의 형태외관의 유사성 정도에 따른 분류이다. 반면에 환유와 제유는 표현방식과 표현내용 사이의 관계에 따른 분류이다. 건축에서의 상징작용은 이 두 가지 기준 사이의 상호작용에 의하여 일어난다고 볼 수 있다.

그림 181
민경식, '99 강원도 국제 관광 엑스포 주제전시 영상관,
강원도 속초시, 1999

노진석 대 김영섭

2

직유 대 환유

해운대구 좌동 성당 : 구상적 직유와 환유

해운대구 좌동 성당에서는 직유와 환유의 상호작용에 의하여 상징작용이 일어나고 있다. 직유는 성서를 기록한 파피루스 두루마리와 성경책이라는 두 가지 사물형상을 모사대상으로 갖는다. 이때 대상물의 형태를 직접적으로 표현하려 한 점에서 직유의 의도가 있는 것으로 볼 수 있다. 또한 이 두 가지 사물은 모두 성서의 초월성을 상징하는 점에서 환유적 표현의 예로 볼 수 있다. 마지막으로 해운대구 좌동 성당에서의 직유와 환유 역시 기하추상에 의해 표현되고 있다. 이런 점에서 기하 상징주의의 조건을 만족시키고 있는 것으로 보인다.

직유적 표현의 내용을 보자. 파피루스 두루마리는 원통형으로 번안되면서 건물의 모서리를 형성하고 있다(그림 182). 두루마리를 둘둘 말아놓은 모습을 원통형으로 표현하고 있다. 이 부분은 실내에서 제단에 해당된다(그림 183). 성경책은 육면체 형태로 번안되어 있다. 제단 중심으로 책이 펼쳐진 모습으로 처리되면서 건물의 기본조건인 직각을 유지하고 있다. 책의 부피에 해당되는 두께가 건물의 매스로 표현되고 있다. 책장의 사각형 모양은 그대로 건물의 육면체 윤곽이 되어 있다(그림 184). 전체 모습은 성경책을 직각으로 펼쳐서 책등이 둥그렇게 휘어 있고 이 부분에 파피루스 두루마리를 끼워 넣은 것이 된다.

여기까지는 상당히 직설적이다. 이 설명만 보면 직유의 전형적 처리가 일어난 것으로 생각된다. 상징의 가정 및 이것에 가한 조형적 대응 모두가 직설적이다. 교회를 성경책의 모습으로 처리하겠다는 가정은 상징의 세 단계에서 첫단계인 지표index의 상태에 해당된다. 가장 직접적인 지칭의 단계이다. 도서관을 책처럼 그리고 도넛 가게는 도넛처럼 만드는 것과 같은 개념이다. 건물의 상징성을 기능유형과 관련하여 가장 먼저 떠오르는 사물이나 혹은 건물의 명칭에 해당되는 사물로 대표하겠다는 조형관이다. 직유의 기본조건이다.

그림 182
노진석, 해운대구 좌동 성당, 부산, 1999

그런데 해운대구 좌동 성당의 문제는 이러한 직유가 건축적으로 충분히 발휘되지 못한 데에 있다. 조형적 가정까지는 직유이다. 그러나 이것의 구체적 처리를 보면 가정이 충분히 반영되지 못하고 있다. 건축적 표현에 있어서 직설다움이 부족하다. 한마디로 직설적이지 못하다는 얘기이다. 직설을 가정했는데 직설적이지 못한 결과로 나타난 것은 일단 문제이다. 직설적이지 못한 이유가 다른 목적을 위한 것이라면 문제가 안 될 수도 있다. 예를 들

그림 183
노진석, 해운대구 좌동 성당, 부산, 1999

어 건축에는 직설이 적합하지 않다는 시각 위에 패러디적 각색을 가한 경우 등이 그것이다.

그러나 해운대구 좌동 성당에서는 다른 이유는 없어 보인다. 조형적 목적은 처음부터 끝까지 직설인 것으로 보인다. 조형처리의 내용을 보면 처음에 가정된 직설을 지키려 한 것으로 보인다. 그런데 결과는 직설적이지 못하게 나왔다. 건물 전체가 한 눈에 들어올 수 있는 먼 거리에서 보지 않는 한 성경책을 펼쳐놓은 모습을 알아차리기는 힘들다. 그저 주변 건물들에서 흔히 보는 육면체 형태 이상의 연상은 일어나지 않는다(그림 185). 원통형을 파피루스 두루마리로 읽어내기는 더 힘들다. 원통형 부분도 파피루스 두루마리로 인식되기보다는 주변에서 흔히 보듯이 건물의 모서리를 둥글게 처리해놓은 경우로 보인다(그림 186). 원통형에 뚫린 창은 파피루스 두루마리로 읽는 것을 더욱 어렵게 만든다.

이런 문제들은 구상형태를 육면체의 조합만으로 너무 단순화시킨 데서 생겨나는 것들이다(그림 187). 구상형태임을 알게 해주는 최소한의 구상성이 지켜져야 하는데 해운대구 좌동 성당에는 이

그림 184, 185
노진석, 해운대구 좌동 성당,
부산, 1999

것이 없어 보인다. 예를 들어 '99 강원도 국제 관광 엑스포 주제전시 영상관에서 비정형 다면체 같은 것이다. 두 건물 모두 기하추상을 이용하여 구상사물을 표현하고 있지만 주제전시 영상관에서 비정형 다면체가 가졌던 감자바위에 대한 최소한의 암시기능 같은 것이 없다는 얘기이다. 원통형 매스에 리본 모양을 형상화한 조형어휘를 사용하여 파피루스 두루마리를 묶어놓은 모습을 표현하고 있지만 충분하지 않아 보인다. 그저 흔히 보는 장식어휘 이상으로 읽히지 않는다. 전체 구성에서 암시성이 확보되지 않은 상태에서 가해지는 한두 개의 조형어휘는 큰 도움을 못 준다.

구상암시를 남기는 것이 어려웠다면 직유보다 은유가 더 나았을 수도 있다. 특히 기하추상 처리를 통하여 구상사물을 표현할 경우에는 더욱 그러하다. 이런 내용은 건축가의 말에서도 확인된다. 해운대구 좌동 성당의 건축가는 이 건물에서 지나친 상징성을 배제하고 싶었는데 그렇게 되지 못하고 "종교 건축물의 상징성이라는 굴레에서 벗어나지 못한 결과"가 되었다고 아쉬워하고 있다. 성경책과 파피루스 두루마리라는 조건은 직유적 가정이다. 이러한 직설적 상징성이 부담스러웠다면 이것을 구체적으로 표현하는 데는 은유가 적합했을 것이다. 그러나 건물의 전체 모습은 직유를 지향하고 있다.

건물 모습에서 직설다움이 충분하지 않은 이유는 구상과 추상 사이의 간극을 메우지 못한 데에서 찾을 수 있다. 성경책과 파피루스 두루마리를 차용하는 상징은 구상적 직유이다. 이런 식의 구상적 직유는 흔히 팝 계열의 오브제[objet] 개념에서 쓰이는 것이다. 이 경우 사물성이 어느 정도 이상 나타나야 원하는 조형의도를 살릴 수 있다. 그런데 해운대구 좌동 성당에서는 이것을 추상으로 표현하고 있다. 추상의 정도가 심해서 의도한 직유의 연상작용이 안 일어나고 있다. 해운대구 좌동 성당에서 추상은 기하와 재료의 두 가지 매개로 표현되면서 상호보완 작용을 하고 있다. 기하는 강한 육면체 윤곽을 만든다. 육면체는 건물의 전체 윤곽을 결정할 뿐 아니라 몇 장이 겹쳐지면서 반복적으로 쓰이기도 한다. 이러한 육면체다움은 다시 콘크리트의 물성에 의해 강조되고 있다. 깔끔하게 깎

그림 186, 187
노진석, 해운대구 좌동 성당, 부산, 1999

인 직각 꺾임은 육면체를 강조해주고 있는데 이런 처리를 가장 잘 만들어낼 수 있는 재료는 단연 콘크리트이다. 여기에 더하여 노출 콘크리트 표면의 중성적 인상은 추상성을 배가시키고 있다. 산업재료의 이미지가 도형형태와 합쳐지면서 추상성이 배가되고 있는 것이다(그림 188).

그림 188
노진석, 해운대구 좌동 성당, 부산, 1999

건축가의 설명에 의하면 "파피루스 두루마리를 세워놓은 형태의 제단을 중심으로 성서를 펼쳐놓은 이미지를 형상화하는 것이 주어진" 조건이었던 것 같다. 건축가도 이렇게 가정된 이미지가 적절하게 표현되지 못했다고 생각하고 있는 것 같다. 그런데 건축가는 "콘크리트는 그 물성에 의존하여 과장된 이미지를 떨쳐버리지 못하는 상황이 전개됐다"라는 설명을 통해 이런 문제점을 재료 한 가지에 국한시키고 있다. 그러나 문제는 재료에만 있지 않다. 재료 이전에 형태에도 문제가 있다(그림 189). 혹은 재료나 형태는 모두 매개상의 문제일 뿐이다. 그보다 더 근본적으로 이것은 건축에서 구상과 추상 사이의 관계를 둘러싼 기본 조형관의 문제이다.

이런 문제는 상징처리가 목적하는 의미해석과 함께 생각해보면 좀더 명확해진다. 해운대구 좌동 성당에서의 상징표현은 환유에 해당된다. 성경책과 파피루스 두루마리라는 물리적 사물을 이용

그림 189
노진석, 해운대구 좌동 성당,
부산, 1999

하여 성경 말씀 나아가 그 말씀에 담긴 기독교 정신을 표현하고 있기 때문이다. 구체성으로 추상성을 상징화한 경우이다. 그런데 사물의 구상형태를 차용하는 경향에는 환유가 안 맞을 수 있다(그림 190). 특히 건축에서 구상형태를 차용하는 경우가 더욱 그러하다. 구상형태 차용이 가장 많이 일어나는 경향은 팝 계열의 건축운동이다. 구상형태 차용의 의미작용은 두 가지로 나타난다.

한 가지는 지표기능이다. 앞에서 예로 든 도넛 가게를 다시 보자. 이때 도넛은 어떠한 정신적 가치나 추상성을 상징하지는 않는다. 그저 이 집이 도넛 가게라는 사실을 얘기해주는 지표기능을 가질 뿐이다. 이것은 환유나 제유 같은 상징해석이 필요하지 않음을 의미한다. 직유 한번으로 상징작용은 충분하다. 이처럼 건축에서 직유가 쓰일 경우에는 환유나 제유가 필요하지 않을 수 있다. 건축이 갖는 실용적 측면에서 기인하는 건축만의 장르적 특성일 수 있다.

다른 한 가지는 구상형태의 차용을 통해 패러디 같은 다음 단계의 해석이 더해지는 경우이다. 건축에서도 직유만으로 끝나지 않고 다음 단계의 의미작용이 일어날 수 있다. 그러나 이런 의미작용은 환유나 제유와는 다른 차원의 수사법이다. 의미작용의 내용

그림 190
노진석, 해운대구 좌동 성당, 부산, 1999

이 무엇이냐가 관건이지 의미작용을 일으키는 요소와 표현되는 가치 사이의 관계가 관건은 아니기 때문이다. 이상 두 경우를 종합해볼 때 환유는 구상형태를 차용하는 건축경향에 적합하지 않은 의미작용일 수 있다. 이것은 곧 직유와 환유가 안 맞는 것임을 의미하는 것일 수도 있다. 구상형태의 차용은 직유를 수반하기 때문이다.

물론 건축에서도 직유와 환유가 함께 작용할 수 있다. 그러나 근본적으로 얘기해서 건축에서는 직유를 통해 환유를 추구하는 상징기법은 바람직하지 않은 것으로 볼 수 있다. 직유에 의해, 그것도 강한 추상성에 의해 표현된 내용은 더이상의 의미작용이나 해석작용을 기대하기가 어려워진다. 남는 것은 선택의 문제이다. 환유가 성공적으로 수행되기 위해서는 그에 맞는 적절한 의미작용이 함께 일어나야 한다. 환유란 이러한 의미작용에 대한 해석의 과정에서 얻어지는 것이기 때문이다.

그러나 직유에 의해 직설적으로 제시된 사물의 모습에서는 그러한 의미작용과 해석과정을 기대하기 힘들다. 사물이 직설적으로 그려지는 순간 그 사물에 관습적으로 부가되어 있는 추상적 가치 또한 함께 정해져버리기 때문이다. 처음부터 세트로 정해져 주어진다는 의미이다. 그 다음에 남는 것은 이것을 받아들이느냐 마느냐의 선택이다. 환유는 이런 식의 양자택일의 문제는 아니다. 그보다는 다차원적 의미작용을 통하여 추상적 가치를 표현하는 정교한 해석의 문제이다.

해운대구 좌동 성당에서 건축가가 걱정하였듯이 직유를 통하여 환유를 추구할 경우 결과는 지나친 상징성이 될 수 있다. 건축에서 직유를 통한 환유의 추구는 한정된 경우에 한해서만 허용될 수 있다. 특수한 목적 아래에만 허용될 수 있다는 의미이다. 예를 들어 도넛 가게를 도넛 형태로 만드는 지표기능은 상업건축만이 갖는 특수상황의 일환으로 이해될 수 있다. 교회에서 요구되는 정신적 가치의 표현은 이러한 특수상황과는 거리가 있어 보인다. 건축에서 환유는 직유보다는 은유와 함께 시도되는 것이 바람직하다. 정신적 가치의 표현은 직설적 주장보다는 해석의 문제이기 때문이다.

청양 성당 : 추상적 직유와 환유

청양 성당은 해운대구 좌동 성당과 좋은 비교가 될 수 있는 예이다. 청양 성당도 직유를 통해 환유적 상징작용을 추구한 건물이다. 청양 성당에서의 직유는 떨기나무 불꽃과 사다리를 대상으로 삼는다(그림 191). 이것들은 일단 구상사물로 볼 수 있다. 이런 대상들은 성경 말씀을 상징화한 것이다. 구체적 대상에 의해 추상적 가치를 표현하는 점에서 환유이다. 구상사물을 형상화하는 매개는 기하이다. 약하긴 하지만 추상성도 일정 부분 나타나고 있다. 이상을 종합해볼 때 청양 성당 역시 기하추상을 통해 직유와 환유의 상징기법을 추구한 경우이다. 해운대구 좌동 성당과 유사한 경우이다. 거시적 차원에서 보면 두 건물 사이에는 분명히 이러한 유사성이 존재한다.

그림 191
김영섭, 청양 성당, 충청남도 청양군, 1999

그림 192, 193
김영섭, 청양 성당, 충청남도 청양군, 1999

이런 점에서 해운대구 좌동 성당과 관련하여 앞에서 언급한 내용들의 상당 부분이 청양 성당에도 동일하게 해당된다고 할 수 있다. 직유적 표현에 있어서 직설의 정도, 구상과 추상 사이의 관계, 직유를 통한 환유의 상징, 환유의 내용, 직유와 환유가 잘 어울리는지의 문제 등이 그것들이다. 청양 성당의 건축적 의미는 일차적으로 이런 관점들에서 파악되고 해석될 수 있다.

그러나 구체적 내용에서는 차이가 나타난다. 가장 큰 차이는 직유의 대상이다. 해운대구 좌동 성당에서 직유의 대상은 성경책과 파피루스 두루마리였다. 이 둘 가운데 특히 성경책은 기독교에 대한 대표성을 갖는다. 여기에서 대표성이라 함은 누구나 쉽게 알 수 있다는 의미이다. 이것은 곧 직유적 가정이 즉각 성립됨을 의미한다. 직유가 직유다울 수 있다는 의미이다. 한번의 지칭으로

그림 194, 195
김영섭, 청양 성당, 충청남도 청양군, 1999

직유가 완성되기 때문이다. 직유에 대한 동의 정도도 높다. 성경책이 기독교 말씀, 즉 기독교 정신을 상징한다는 데 이론을 제기할 사람은 없을 것이기 때문이다. 이런 내용들은 모두 직유가 성립되기에 적합한 조건들이다. 청양 성당에서 직유의 대상은 두 가지 점에서 이와 다르다.

한 가지는 대상사물이 성경책만큼 기독교에 대한 대표성을 못 갖는다는 점이다. 떨기나무 불꽃과 사다리는 분명히 기독교의 교리를 담고 있는 상징임에 틀림없다. 그러나 대표성을 갖는 정도는 아니다. 성경에 나오는 수많은 말씀과 비유 가운데 하나일 뿐이다. 특히 왜 이곳 청양 성당에서 이것들이 직유의 대상이 되었는가에 대한 많은 설명과 설득이 필요하다. 그러한 설명과 설득조차도 건축가의 주관적 판단이라는 반대가 있을 수 있다.

다른 한 가지는 떨기나무 불꽃과 사다리라는 직유의 대상이 실

그림 196
김영섭, 청양 성당, 충청남도 청양군, 1999

생활 속에 존재하는 것이 아니라 성경 구절에 나오는 것들이라는 점이다. 건축가가 밝혔듯이 떨기나무 불꽃은 출애굽기 제3장 2~4절, 그리고 사다리는 창세기 제28장 12절의 내용으로 등장한다. 이것은 단어로 지칭된 사물을 직유의 대상으로 삼았음을 의미한다. 출애굽기에 나오는 떨기나무 불꽃과 창세기에 나오는 사다리는 아무도 본 적이 없다. 말과 글로만 기록되어 있는 대상이다. 이것은 곧 이 대상들이 추상적 상태로 존재함을 의미한다. 청양 성당에서 직유의 대상은 이처럼 추상적 상태로 존재하던 내용을 건축가가 구상형태로 번안한 경우이다. 이것은 처음부터 하나의 유형적 구상형태로 존재하던 해운대구 좌동 성당에서의 성경책과 차이점을 갖는다.

직유를 표현한 조형기법에서도 두 건물은 차이가 있다. 해운대구 좌동 성당에서는 기하추상에 집중한 조형기법이 쓰였다. 매스

단위는 비교적 크게 나누어졌으며 노출 콘크리트의 물성이 건물 특성의 상당 부분을 결정하였다. 이에 반해 청양 성당에서 직유의 대상은 조형변화가 심한 기법으로 처리되어 있다. 특히 건물의 본체는 여러 장의 곡면판재가 겹쳐진 모양으로 처리되어 있다(그림 192, 193). 앵포르멜 계열의 형태주의 경향으로 분류될 수 있을 정도이다. 프랭크 게리Frank Gehry의 어휘가 떠오르기도 한다. 혹은 비정형 기하주의 정도로 불릴 수 있다. 기하는 기하이되 기본 기하형태를 깬 형태조작에 조형적 관심이 집중되어 있다(그림 194).

이런 조형조작은 떨기나무 불꽃을 직유적으로 표현한 결과로 이해된다. 불꽃이 타는 모양을 비정형 기하조작으로 표현하고 있는 것이다. 이것은 불꽃을 직유적으로 형상화한 것이다. 본체 밖으로 오각형 윤곽의 껍질이 본체를 한 겹 싸고 있다. 이것은 떨기나무를 형상화한 것으로 보인다(그림 195). 불꽃보다는 그 정도가 약하긴 하지만 일정한 직설

그림 197
김영섭, 청양 성당, 충청남도 청양군, 1999

그림 198
김영섭, 청양 성당, 충청남도 청양군, 1999

다움을 갖는 것으로 볼 수 있다. 아래쪽의 불꽃과 함께 보면 더욱 그러하다. 이런 내용들은 모두 명칭으로만 존재하는 대상을 구상형태로 번안하여 직유처리한 데서 나온 결과이다. 혹은 성경에 나오는 이러한 대상의 모습을 일상 속 대상의 그것과 동일시한 것이기도 하다. 큰 의미를 갖는 것은 종교적 내용이지 형태적 모습은 그 명칭에 해당되는 일상 속 대상과 같을 것이라는 가정이다.

성경 속의 사물명칭을 일상 속 사물의 모습으로 직유처리한 예는 사다리에서도 동일하게 나타난다. 청양 성당에서는 경사진 대지의 낮은 쪽에서 사다리를 타고 옥상으로 곧바로 올라갈 수 있게 되어 있다(그림 196, 197). 이런 처리는 "꿈에 본즉 사닥다리가 땅 위에 섰는데 그 꼭대기가 하늘에 닿았고"라는 창세기의 구절을 직유적으로 번안한 것으로 이해된다. 실제로 사닥다리를 올라 옥상에 이르면 하늘을 형상화한 조형처리들이 첨가되어 있다. 이런 조형처리에는 기하가 기본매개로 사용되고 있다.

옥상에 서면 오각형 껍질의 안쪽 면이 하늘을 덮고 있다. 이 안쪽 면은 수정체 형태로 처리되어 있는데 이것은 하늘을 추상화한 것으로 느껴진다(그림 198). 그리고 옥상 바닥에는 큰 원이 뚫려 있다(그림 199). 실내에서 보면 천장 한가운데 나 있는 원형 천창이다(그림 200). 교회 실내에서 천창은 두말할 필요 없이 하늘을 상징한다. 대부분의 교회에서는 이러한 상징이 실내에서만 끝나고 만다. 그런데 이곳 청양 성당에서는 옥상 옥외공간에서 한번 더 반복되면서 창세기의 사다리를 상징하는 데 일조하고 있다. 마지막으로 오각형 껍질 사이사이로 보이는 진짜 하늘이 있다.

그림 199
김영섭, 청양 성당, 충청남도 청양군, 1999

이상이 청양 성당에 나타난 상징내용이다. 구체적 사물이 존재하지 않은 상태에서 비교적 직유의 정도가 높은 처리로 볼 수 있다. 그리고 직유를 표현하는 데 기하가 핵심매개 역할을 하고 있다. 이렇게 보았을 때 청양 성당 역시 기하를 이용한 직유의 예로 분류될 수 있다. 그리고 이러한 직유 역시 이번에도 환유로 작용한다. 직유로 표현된 떨기나무 불꽃과 사다리는 이곳 청양 땅에서 기독교의 승리를 상징한다. 떨기나무 불꽃은 모세가 계시를 받는 순간을 상징한다. 사다리는 야곱이 꿈속에서 하느님을 영접하는 순간을 상징한다. 모두 기독교의 상징성이 강한 내용들이다. 직유적 사물에 의해 추상적 내용이 상징되고 있다. 환유이다.

그림 200
김영섭, 청양 성당, 충청남도 청양군, 1999

앞의 해운대구 좌동 성당에서 직유와 환유는 함께 쓰기에 적합한 기법이 아니라고 하였다. 이런 판단은 청양 성당에서도 기본적으로는 마찬가지이다. 그러나 앞에서 언급한 것과 같은 직유의 대상이 갖는 차이점 때문에 판단내용에도 다소간 차이가 있을 수 있다. 먼저 청양 성당에서는 직유처리에 나타난 직설의 정도를 판단하기가 불가능하다. 직유대상의 모습이 유형화되어 존재하지 않기 때문이다. 건축가가 사물의 구상적 모습까지 상상하여 정하고 이것을 다시 건축기법으로 표현한 두 단계의 해석이 일어나고 있다. 건축가가 상상한 모습이 얼마나 옳은지에 대한 판단은 전적으로 주관적 기준에 의할 수밖에 없다. 그렇기 때문에 그러한 모습이 얼마나 유사하게 표현되었는지를 판단하는 것은 더욱 불가능하다.

직유를 사용하였는데 직유의 정도에 대한 판단이 힘들다는 사실은 일단 문제점을 갖는 것으로 볼 수 있다. 직유는 어렵고 복합적인 관계보다는 쉽고 즉각적인 일 대 일 대응관계에 적합한 상징방식이다. 그런데 이처럼 건축가에 의해 두 번의 해석과정을 거쳐야 되는 상황은 직유에 적합하지 않을 수 있다. 이것을 확장해서 얘기하면 성경 구절같이 추상적 상태로 제시되는 내용을 직유의 대상으로 삼으려는 가정에 무리가 있는 것으로 일반화시킬 수 있다. 판단기준이 애매하고 따라서 판단이 어려워진다는 것은 건축가의 자의적 해석이 심해짐을 의미하는 것이기 때문이다. 이것은 곧 건축가가 제시한 건축적 의미에 대해 정교한 해석이 힘들어짐을 의미한다. 받아들이느냐 마느냐의 선택의 문제로 넘어가버릴 가능성이 높아진다는 의미이다. 뿐만 아니라 선택의 기준이 건축가의 자의성에 의존하게 될 가능성도 그만큼 커진다. 이런 상황은 환유라는 상징기법을 추구한 조형의도에 배치된다. 환유의 상징 작용은 이러한 선택보다는 해석의 과정을 거쳐야 비로소 완성되는 것이기 때문이다.

김정식 대 김기웅

3

은유 대 제유

이화여대 박물관 : 직유적 은유와 제유

이화여대 박물관은 배꽃을 형태 모티브로 갖는다. 표현대상으로서의 배꽃은 독특한 특성을 갖는다. 배꽃은 일단 구상사물이다. 그런데 배꽃이 어떻게 생겼는지 본 사람들은 그리 많지 않다. 그럼에도 배꽃은 여전히 누구나 다 아는 일상 속 구상사물이다. 본 적은 없지만 이름은 한번씩 다 들어본 대상이다. 이화여대 박물관은 이처럼 표현대상이 다소 특이한 경우에 해당된다. 앞의 두 교회 건물과 비교해보자. 해운대구 좌동 성당의 대상인 성경책은 사물의 종류와 형태 모두가 널리 알려진 경우이다. 청양 성당의 떨기나무 불꽃과 사다리는 그 반대이다. 사물의 종류와 형태 모두 성경에 정통한 소수 사람들만이 안다. 이화여대 박물관은 이 중간쯤에 해당된다. 대상의 종류는 누구나 다 아는 사물인데 정작 그 형태를 본 사람들은 많지 않은 경우이다.

표현대상과의 형태적 유사성에 있어서도 이화여대 박물관은 직유와 은유 사이의 중간상태에 있어 보인다. 건축가의 설명에 의하면 건축가는 직유를 의도한 것으로 보인다. 배꽃의 꽃잎 다섯 장에 해당되는 매스가 건물 전체 구성을 주도하고 있다. 건축가의 설명에 의하면 "5개의 마름꼴의 분절된 덩어리와 그 경사진 지붕에 의해 (…) 배꽃 봉오리가 개화하고 있는 모습으로 나타나도록" 되어 있다. 이때 문제는 이러한 직유적 의도가 충분히 만족되었는가에 있다. 건축가가 직유를 의도했다면 일단은 그것이 잘 표현되는 것이 좋기 때문이다. 그런데 이화여대 박물관은 배꽃의 모양을 충분히 보여주지 못하고 있다.

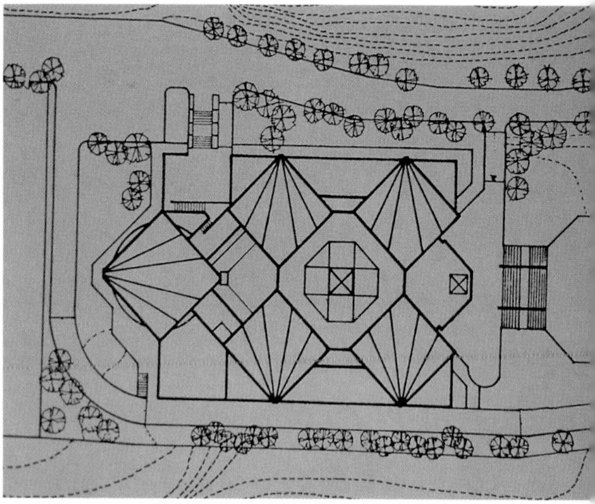

그림 201
김정식, 이화여대 박물관, 배치도, 서울, 1990

무엇보다도 표현대상인 배꽃의 유형화된 형태가 존재하지 않는다. 성경책 하면 떠오르는 정형화된 모습 같은 것이 없다는 의미이다. 이것은 무엇을 직유할지가 불투명함을 의미한다. 사람들 사이에 배꽃의 대표적 모양에 대한 동의가 없는 상태에서 배꽃을 직유하기 위해서는 건축가가 먼저 그러한 대표적 모양을 가정해야 한다. 이 점에 있어서는 성경 구절 속에 명칭으로 존재하는 대상의 모습을 건축가가 정의해내야 했던 청양 성당과 유사한 것으로 볼 수 있다.

건축가는 이 상태에서 배꽃의 유형화된 모습을 다섯 장의 꽃잎으로 정했다(그림 201). 그런데 이것은 일반적으로 알려진 배꽃의 모양과는 거리가 있어 보인다. 그보다는 이화여대의 배지에 새겨진 배꽃 모양인 것으로 보인다. 두 번의 번안과정을 거친 것이다. 진짜 배꽃이 있고 이것을 한번 단순화시킨 이화여대의 배꽃이 있는 것이다. 이렇게 보았을 때 이화여대 박물관에서 직유의 대상은 진짜 배꽃이 아니라 이화여대의 배꽃이다. 혹은 이화여대의 배꽃도 아닐 수 있다. 이화여대의 상징성이 직유의 대상일 수 있다.

그런데 이화여대의 배꽃은 추상적 존재이다. 진짜 배꽃을 추상

그림 202, 203
김정식, 이화여대 박물관,
서울, 1990

작용에 의해 한번 각색한 것이기 때문이다. 건축에서 추상적 존재를 직유에 의해 표현하는 것은 어렵다. 특히 구상형태를 이용하여 직유적 표현을 하는 것은 더욱 그러하다. 이화여대 박물관도 마찬가지인 것으로 보인다. 배꽃의 모양을 다섯 장의 꽃잎으로 유형화한 가정은 직유가 충분히 일어나지 못하게 한 중요한 원인으로 작용하고 있다. 건축적으로 표현하기에 어려운 모티브이다. 특히 팝 계열의 직설적 구상이 아닌 기하추상으로 표현하기에는 더욱 그렇다.

다섯 장의 배꽃 꽃잎을 건물로 표현하는 것은 쉽지 않다. 프로그램과 기능 등의 선결조건을 만족시키면서 그러하기는 더욱 어렵다. 이화여대 박물관에서도 이런 어려움이 느껴진다. 꽃잎은 경사진 지붕으로 한정되어버렸다(그림 202, 203). 이것만으로 배꽃을 연상시키기에는 부족해 보인다. 꽃은 꽃잎만으로 구성되는 것은 아닌데 다른 요소까지 표현할 여력은 없어 보인다. 다섯 장의 꽃잎도 온전한 상태로 보이지 않는다. 많아야 두 장 정도만이 눈에 들어온다. 다섯 장의 꽃잎 모두를 함께 볼 수 있는 경우는 공중에서 내려다보는 때밖에 없다. 혹은 도면상에서만 그렇게 보인다. 도면을 보더라도 설명 없이 배꽃임을 알아차리기는 어려워 보인다. 이 모든 어려움은 건물이기 때문에 어쩔 수 없이 생기는 것들이다.

배꽃의 모양을 이화여대의 배꽃으로 한정시키고 이것을 통해 이화여대에 대한 상징의 집중력을 높이겠다는 조형의도 자체는 일정한 타당성을 갖는 것으로 볼 수 있다. 이같은 조형의도는 직유를 통해 추구되고 있다. 그런데 문제는 이 과정에서 직유적 표현에 어려움이 발생한다는 데 있다. 그리고 그 원인이 바로 조형의도 때문이다. 이것은 처음의 조형의도를 약화시키는 결과로 나타난다. 일종의 자기모순이다. 이런 모순은 디테일 처리에서도 나타난다. 이화여대 박물관에는 곳곳에 서양 고전건축의 디테일들이 쓰이고 있다(그림 204). 이것은 캠퍼스를 대표하는 다른 건물들과 보조를 맞추기 위한 맥락주의적 경향에서 나온 처리이다. 이러한 맥락주

그림 204
김정식, 이화여대 박물관, 서울, 1990

의적 경향은 이화여대의 상징성을 높여주는 조형의도의 일환으로 볼 수 있다. 그런데 이를 위해 쓰인 고전 건축의 디테일은 배꽃에 대한 직설다움을 약화시키는 결과로 나타나고 있다(그림 205).

이화여대 박물관에서 배꽃이 표현된 내용을 보면 직유가 아닌 은유로 보는 것이 더 정확할 것 같다. 이러한 은유처리는 기하충돌에 의해 표현된다. 배꽃을 상징하는 매스는 독립적 완결상태로도 보여지지만 서로 충돌하거나 건물의 다른 부분들과 충돌하면서 분산적 모습으로 나타나기도 한다(그림 206). 이 가운데 후자가 배꽃의 본래 이미지에 더 가까울 수도 있다. 배나무에는 작은 꽃들이 무리지어 핀다. 배꽃의 이미지는 이것들이 모여서 만드는 전체 모습으로 나타난다. 꽃이 작기 때문에 한 가지 형태로 유형화시키는 것 자체가 무리일 수 있다. 장미나 백합과는 다른 이미지를 갖기 때문이다. 아니면 이와 반대로 건물로 구체화되는 경우에는 그냥 꽃 모양으로 일반화되어도 무방해 보인다. 구상사물을 번안하는 데 있어서 건축은 그렇게 높

그림 205, 206
김정식, 이화여대 박물관,
서울, 1990

그림 207, 208
김정식, 이화여대 박물관,
서울, 1990

은 정밀도를 요구하는 장르가 아니기 때문이다.

배꽃은 작고 하얀 꽃들이 여러 개 모여서 전체적 이미지를 형성한다. 이것을 직접 표현하는 것은 무리이다. 적어도 건축에서는 그러하다. 이때 기하충돌은 이러한 배꽃의 이미지를 표현하기에 적합한 건축매개이다. 기하충돌에 의한 분산적 분위기는 배꽃의 이미지에 대한 건축적 은유로 볼 수 있다(그림 207). 이상과 같은 이화여대 박물관에서의 은유 처리 자체는 무난해 보인다. 기하충돌은 건축적으로도 잘 번안되어 있다. 매스가 자잘하게 쪼개지면서 주변과 어울리는 전이공간이 만들어지고 있다(그림 208). 주변 캠퍼스에 대해서 박물관이 갖는 관계가 이분법적 단절이 아닌 점진적 혼합으로 나타나고 있다(그림 209).

그러나 두 가지 문제가 있다. 한 가지는 건축가가 직유를 조형의도로 가정했는데 그렇지 못하게 나타났다는 것이다. 불일치이

그림 209, 210
김정식, 이화여대 박물관,
서울, 1990

다. 다른 한 가지는 은유라는 기법이 이 건물이 추구하는 상징내용과 어울리는가 하는 점이다. 이화여대 박물관에서의 은유는 제유로 작용한다. 배꽃이라는 개체가 이화여대라는 전체를 상징하기 때문이다. 이때 제유에는 직유가 더 적합한 표현기법일 수 있다. 환유에는 은유와 더 잘 어울리는 것과 다른 점이다. 그 이유는 제유의 상징작용은 환유보다 더 직접적이기 때문이다. 따라서 은유보다는 직유가 더 적합한 표현기법일 수 있다.

어떤 개체가 어떤 전체를 상징한다는 사실은 단순 지식에 속한다. 이런 지식을 공유하고 있는 사람들 사이에서 제유는 해석이나 선택의 문제라기보다는 곧바로 기정사실로 작동한다. 따라서 직설다움만 확보된다면 제유를 표현하기에 직유는 적합한 기법일 수 있다. 이에 반해 은유는 표현대상이 무엇인가를 알기 위해서 일련의 해석과정을 거쳐야 한다. 이것은 제유에 요구되는 직접적 상징작용을 약화시킬 수 있다. 이화여대 박물관에서도 배꽃과의 유사성이 약할수록 이화여대를 대표하는 제유적 상징성은 약해진다(그림 210). 이것은 일차적으로는 직설다움이 부족하다는 사실과 같은 말일 수 있다. 나아가 이화여대 박물관에서처럼 은유적 표현이 전이공간 같은 다른 건축적 주제를 파생시킬 경우 제유의 상징작용은 그만큼 약해진다. 제유는 집중도 높은 직유에 의해 표

현될 때 그 의미작용이 가장 잘 일어난다.

달마 회관 : 은유적 환유와 은유적 제유

그림 211, 212
김기웅, 달마 회관, 서울 1990

달마 회관은 기하추상주의 혹은 추상기하주의의 좋은 예에 해당된다. 건물은 크고 작은 사각형 단위들의 조합으로 이루어져 있다. 큰 육면체가 작은 육면체를 받치고 있다. 혹은 작은 육면체가 큰 육면체 위를 타고 올라앉은 것 같기도 하다(그림 211). 작은 육면체는 더 작은 사각형으로 나누어진다. 관입과 교차가 일어난다. 육면체는 수평방향으로 단을 형성하며 반복하기도 한다. 육면체는 사각형 프레임으로 바뀌면서 가벽을 만들기도 한다. 창 또한 사각형을 모티브로 삼아 구성되어 있다(그림 212). 사각형 기하가 건물로 번안될 수 있는 여러 방식들이 시도되고 있다. 이러한 사각형 사이에 가끔씩 한두 개의 원이 자리한다. 노출 콘크리트는 건물의 전체적 분위기를 추상으로 결정하면서 이같은 기하주의를 보강시켜준다.

그림 213
김기웅, 달마 회관, 서울 1990

달마 회관에서의 이러한 기하사용은 불교 교리를 표현한다(그림 213). 추상적 상태로 존재하는 정신적 가치를 표현하는 점에서 앞에서 살펴본 성당의 예들과 유사한 경우이다. 그러나 차이점도 있다. 가장 큰 차이점은 추상적 가치를 지칭해주는 구상사물이 없다는 점이다. 성당의 경우와 비교해보자. 해운대구 좌동 성당에서 표현대상이 되었던 추상적 가치는 성경 구절이나 교리 같은 특정 내용이 아니라 기독교 전체라는 일반사항이었다. 그리고 이러한 가치는 성경책이라는 생활 속 구상사물로 대표되었다. 청양 성당에서는 추상적 가치가 성경 구절에 나오는 특정 내용이었다. 이것은 떨기나무 불꽃과 사다리라는 구상사물로 대표되었다. 두 경우 모두 표현대상은 구상사물이라는 공통점을 가지고 있다.

이에 반해 달마 회관에서는 표현대상이 되는 추상적 가치가 구상사물로 대표되지 않는 차이가 있다. 추상적 가치는 불교 교리라는 특정 내용이며 그 속에는 이것을 대표할 만한 구상사물이 등장하지 않는다. 처음부터 끝까지 추상적 내용만으로 구성된다. 교리의 내용은 구상사물로 전환되지 않는다. 따라서 의미작용도 구상사물이 아닌 추상적 설명이다. 이것은 직유는 처음부터 달마 회관에서의 표현기법이 될 수 없음을 의미한다. 직유란 기본적으로 물리적 상태로 존재하는 사물을 의미작용으로 갖는다. 구상적 사물성에 대한 유사 정도를 판정하기 위해서는 물리적 형태가 전제되

그림 214, 215
김기웅, 달마 회관, 서울, 1990

어야 하기 때문이다. 추상적 상태의 존재는 직유의 대상이 될 수 없다.

추상적 불교 교리를 표현하는 달마 회관의 수사기법은 은유이다. 달마 회관의 건축적 구성은 특정 내용에 따라 이루어지고 있다. 바꿔 얘기하면 건물을 통해 그러한 특정 내용을 표현하고 있다는 의미이다. 표현내용과의 유사성에 대한 고민이 건물의 전체

그림 216, 217
김기웅, 달마 회관, 서울, 1990

방향을 결정하고 있다. 이 특정 내용은 불교 교리이다. 불교 교리는 도넛이나 책 같은 구체적 사물이 아니기 때문에 직유의 대상이 될 수 없다. 그렇다면 남는 것은 은유이다.

달마 회관이 표현하고 있는 불교 교리는 한마디로 불이不二 사상이다. 너와 내가 둘이 아니라는 의미이다. 이항구조를 대립적 구별로 보지 말고 그냥 두 개의 사항으로 보자는 것이다. 나아가 이항구조라는 개념 자체를 거부하는 것이다. 이항구조는 분별을 기본개념으로 삼아 성립된다. 그러나 "분별이라는 말은 생과 사의 구렁텅이에 빠진다는 말"이다. 세상은 분별에 의해 둘로 갈라지지 않으며 따라서 불이이다. 불이는 무념무상의 상태를 지향한다. 세상에는 "옳고 그른 것도 없고 이기고 지는 것도 없고 좋고 나쁜 것도 없다."

그림 218
김기웅, 달마 회관, 서울, 1990

달마 회관에서 이러한 사상은 은유로 표현된다. 은유매개는 기하와 연속공간이다. 기하구성에 대해서는 앞에서 살펴보았다. 이러한 구성은 대립적 구별을 거부한다. 이 매스와 저 매스, 큰 매스와 작은 매스, 입체와 면, 면과 선 그리고 다시 선과 입체 사이에 존재하는 구별을 거부한다(그림 214). 매스의 한쪽 면이 열리면서 매스는 곧 면이 된다. 앞에서 살펴보았던 얼개 열기와 유사한 개념이다. 여기에 발코니가 더해지면서 선과의 구별마저 없어진다. 가벽 프레임의 회랑에서 선은 곧 면이 되고 면은 다시 입체가 된다. 기하와 기하가 만나지만 개체단위의 존재는 큰 의미를 못 갖는 듯하다. 자신과 남을 구별짓기 위해서는 완결된 상태로 남아야 한다. 그러나 달마 회관에서의 기하단위들은 이것을 고집하지 않는다. 서로 합쳐져 더 큰 하나로 읽힌다. 이를 위해 한귀퉁이를 헐어 자신을 변화시킨다(그림 215).

변화는 자신을 드러내기 위한 목적을 갖는 경우가 많다. 흔히

그림 219, 220
김기웅, 달마 회관, 서울, 1990

얘기하는 기하 조형주의의 경우이다. 이 경우 변화는 조형성 자체를 목적으로 갖는다. 이런 목적은 말할 것도 없이 스스로의 존재를 강조하기 위함이다. 시각적 자극을 통해 남의 시선을 우선적으로 끌고 싶어한다. 이 모든 목적은 나를 남과 구별짓기 위함이다. 이에 반해 달마 회관에서의 조형변화는 남과의 구별을 지우려는 반대의 목적을 갖는다. 조형변화가 심하지만 자연스럽다. 말이 많은 것처럼 보이지만 정작 주장은 적다. 스스로의 역할을 배경으로서 충실히 서 있는 단순한 상태로 정의하고 있다(그림 216, 217).

기하구성에서의 이러한 특징은 공간에서도 동일하게 나타난다. 공간에서의 특징은 두 가지로 나타난다. 한 가지는 물 흐르는 듯

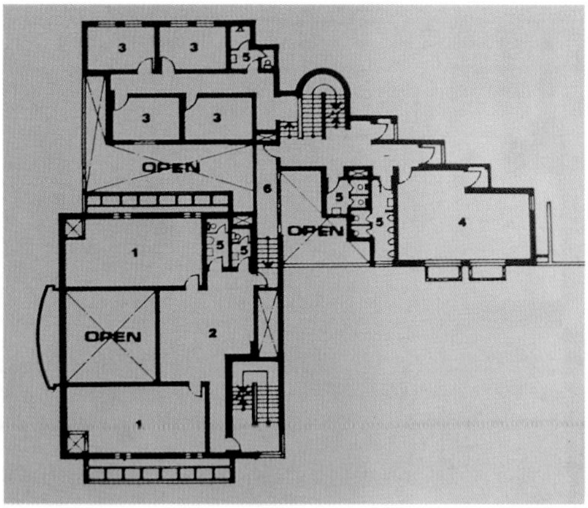

그림 221
김기웅, 달마 회관, 서울, 1990

그림 222
김기웅, 달마 회관, 2층 평면도, 서울, 1990

통하는 공간이다(그림 218). 달마 회관에서는 공간의 구획이 최소화되어 있다. 이쪽 공간과 저쪽 공간을 나누는 물리적 구별을 없애려는 의도이다. 안과 밖의 구별도 불명확하다. 여기가 저기요 저기가 여기다. 공간의 위계도 지워져 있다(그림 219). 본디 위계란 여기와 저기, 나와 너를 구분 하면서 시작되는 것 아니던가. 층 개념은 희석되어 있다. 지금 내가 있는 위치를 수치 같은 물리적 기준으로 확정짓는 일은 무의미하게 느껴진다. 중요한 것은 공간의 상태이고 따라서 공간이 만들어주는 나의 심리상태이다. 공간을 지칭하는 물리적 지표는 전혀 무의미해진다. 따라서 공간의 위계도 중요하지 않다.

다른 한 가지는 윤회공간이다. 달마 회관에서는 지나온 공간을 뒤돌아 다시 보게 된다. 계단을 오르면 앞에서 한번 보았던 장면

그림 223, 224
김기웅, 달마 회관, 서울, 1990

이 다시 나타난다. 전경상태로 보았던 육면체 모티브가 좁은 협곡 같은 공간 속에서 반복되고 있다(그림 220). 한 층을 오르면 조금 전 지나왔던 공간을 위에서 내려다보게 된다. 이 공간 저 공간 긴 거리를 여정하고 난 뒤 시작지점의 머리 위에 와 있는 것이다(그림 221). 공간구성의 목적은 일직선적 이동이 아니다(그림 222). 공간이동의 목적은 위계적 상승이 아니다. 끝은 없다. 다 오름도 없다. 계속만이 있다. 공간은 윤회하고 있다(그림 223, 224). 앞에서 본 구획을 없앤 공간 특징은 이러한 윤회성을 보강한다.

달마 회관에서의 이러한 은유적 표현은 제유나 환유 같은 더이상의 의미작용을 하지 않는다. 기하와 공간을 통해서 표현된 앞과 같은 내용들은 일반적 사항을 상징하는 개체가 아니다. 따라서 제유는 성립되지 않는다. 혹은 추상적 가치를 표현하는 구체적 요소도 아니다. 따라서 환유도 성립되지 않는다. 이미 그 자체가 추상적 의미를 내포하고 있으며 표현방식 역시 추상적이고 개념적이다. 달마 회관에서 환유와 제유는 은유적 표현 속에 내재한다. 은유가 먼저 있고 그 다음 단계로 환유와 제유가 일어나는 것이 아니라 동시에 성립된다는 의미이다. 달마 회관에서 은유를 통해 표현되는 내용은 그 자체가 구체적 요소인 동시에 추상적 가치이다. 따라서 환유가 자동 성립된다. 또한 그 자체가 개체인 동시에 하나의 완결된 교리를 상징하는 점에서 전체이다. 따라서 제유 역시 자동 성립된다. 달마 회관에서 은유는 곧 환유인 동시에 제유이다.

4

기하와 장식

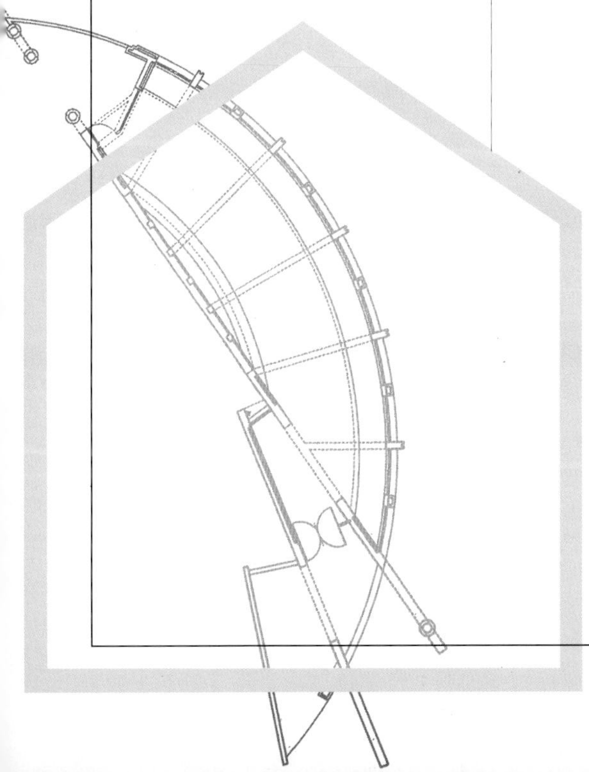

1.
기하 장식주의 : 면, 부분, 변형

2.
조건영, 김관석, 김개천 : 삼각형 프레임과 자기표현
후렛시네 사옥 대 아르텍 빌딩 자극과 눈길 | 지암비코 빌딩 대 팬텍 기술 연구소 상업문화와 정체성 | 천성 빌딩 거리와 인상

3.
강건희+강철희 대 차운기 : 삼각형 면장식
연안 콤플렉스 부분요소에서 면요소로 | 평창동 다가구주택 차양과 음각

4.
최승원 대 윤주헌 : 귀여운 기하와 장식 감흥
신 병원 상징과 장식 사이 | 녹색 갤러리 곡면 위에 정사각형

기하 장식주의

1

면, 부분, 변형

기하는 건물이 아니다. 그러나 건물은 기하이고 따라서 기하도 건물이다. 기하가 건물이 아니라는 말은 도형이 곧 건물이 될 수는 없다는 의미이다. 건물이 기하라는 의미는 대부분의 건물들은 기하단위들의 조합으로 구성된다는 의미이다. 이것은 곧 기하단위들로 분해될 수 있다는 의미이다. 환원의 의미이다. 기하의 도형윤곽이 지나치게 강조될 경우 건물로 전환되기 위해서 일정한 조정이 필요하긴 하다. 그러나 대부분의 건축에서 기하는 건물과 한 몸으로 작동한다. 건물은 기하로 구성되고 기하로 환원된다. 이처럼 기하가 기하의 특성을 잃지 않으면서 건물을 구성하는 단위로 작동할 경우 기하는 건물이 될 수 있다. 기하가 건물이라는 말은 세 가지 의미를 갖는다.

첫째는 기하가 입체로 정의된다는 의미이다. 건축에 차용되는 기하단위는 공간과 기능을 담는다. 따라서 일차요소이며 곧 건물 그 자체이다. 입체는 축조를 전제조건으로 갖는다. 축조되기 위해서는 구조공법이 가해져야 한다. 건물로서의 입체를 축조하기 위해서는 기둥이 세워지고 보가 가로질러져야 한다. 벽을 막고 지붕을 덮어야 한다. 이것은 곧 기하를 건물 그 자체와 동일하게 해주는 조건이기도 한다. 이처럼 건축에서의 기하는 기본적으로 입체를 의미한다.

둘째는 기본 기하단위가 차용된다는 의미이다. 기하의 종류는 수없이 많다. 이것이 전부 건물에 쓰일 수는 없다. 기하는 건물이 아니기 때문이다. 기하가 건물이 되기 위해서는 일정한 조건을 만족시켜야 된다. 프로그램 구성과도 합치되어야 하고 기능도 만족되어야 한다. 축조에도 무리가 없어야 하며 구조공법의 적용도 무난해야 한다. 이 과정에서 비정형이나 특수한 형태의 기하는 제외된다. 기본 기하형태만이 건축적 조건을 만족시키며 건물로 전환되기에 적합하기 때문이다.

셋째는 기하가 건물 전체를 구성한다는 의미이다. 이것은 앞의 두 가지 사항으로부터 나오는 결론이기도 하다. 기하가 건물 그 자체이고 이를 위해 구조공법에 의해 축조된다 함은 곧 기하가 건물의 총체성을 형성한다는 의미이다. 건물을 구성하는 기하는 건축적으로 완결성을 갖는 하나의 독립단위이다. 이것은 건물에 대응되며 이 과정에서 기하는 건물 전체가 된다. 기본 기하형태는 이러한 전체성을 보강시켜준다. 기본 기하형태는 곧 건축으로 전환되는 데 있어서 높은 효율을 가짐을 의미한다. 나머지와 버림이 적고 완벽하게 건물에 대응될 수 있다.

이상의 세 가지 내용은 기하주의 건축에 나타나는 공통사항들이다. 혹은 기하로 건물을 구성하기 위한 전제조건일 수도 있다. 이런 조건 아래에서만 지금까지 살펴본 여러 논의주제들이 건축적으로 성립될 수 있다. 원형과 변형, 환원과 분화, 원리주의와 현실, 완결과 열림, 맥락과 어울림, 초월과 자아, 중심과 세계, 구상현실과 기하추상, 채움과 비움, 물질과 실체, 형태와 공간, 일치와 외관주의, 사선과 기능, 조형과 효율, 현상과 초월, 표현성과 이미지, 대비와 어울림, 실체와 가정, 원리주의와 파생주의, 겹기하와 틈새, 분할과 중복, 얼개와 경계, 영역과 전이, 중첩과 충돌, 더하기와 빼기, 기하조작과 건축적 현실, 직유와 은유, 제유와 환유 등의 주제들은 앞의 세 가지 조건을 기초로 삼아 다음 단계에서 전개될 수 있는 논의내용들이다.

그러나 건축에서의 기하사용이 반드시 이 세 가지 사항을 전제조건으로 갖는 것은 아니다. 기하사용이 이 조건들로부터 자유로울 수 있는 경우가 한 가지 있다. 기하가 장식으로 쓰일 때이다. 장식은 일차요소가 되어야 한다는 의무에 얽매이지 않는다. 이차요소가 될 수도 있다는 의미이며 이것은 다시 부가요소가 될 수 있다는 의미이다. 부가요소라 함은 구조공법과 일체가 되지 않아도 좋다는 의미이다. 말 그대로 구조가 축조된 뒤에 부가되어도 무방하기 때문이다. 이것은 다시 입체에서 해방된 면요소로 쓰일 수 있음을 의미한다. 입체가 축조된 뒤 면 위에 부가하면 되기 때문이다.

장식기하는 또한 비정형이거나 특수형태일 수 있다. 기능이나 효율을 만족시킬 필요가 없기 때문이다. 장식효과를 높이기 위해서는 오히려 특수형태가 더 유리할 수도 있다. 마지막으로 기하가 장식적으로 사용될 경우에는 건물 전체가 되지 않아도 된다. 될 수도 없다. 장식의 일차적 의미는 부분적 차용이기 때문이다. 부가요소라는 말뜻이기도 하다. 조형물 개념으로 부가될 수도 있고 창 같은 이차요소에 쓰일 수도 있다.

이처럼 기하가 장식으로 쓰일 경우 나타나는 특징은 세 가지로 분류될 수 있다. 면요소, 특수 기하형태, 부분요소의 세 가지가 그것이다. 이것은 기하가 건물이 되기 위한 세 가지 조건을 뒤집은 것과 같은 내용이기도 하다. 면요소는 흔히 면장식으로 불리는 경우이다. 특수 기하형태는 귀여운 기하 같은 것이다. 기본 기하형태라도 원형성을 지우고 가볍고 친근한 분위기로 표현할 수 있다. 부분요소는 기하단위를 도형 조각으로 활용하여 장식화하는 경우이다. 이같은 세 가지의 경우들이 기하를 이용하여 추구될 경우 기하 장식주의라 부를 수 있다.

건축에서 장식이 갖는 의미는 매우 복합적이다. 흔히 장식 하면 떠오르는 부정적 의미에서의 단순 눈요기는 사실 장식이 갖는 많은 의미들 가운데 하나에 불과하다. 장식의 범위 또한 넓다. 노출콘크리트의 물성과 같이 반反장식의 대표적인 개념조차도 건물표면의 시각효과를 추구한 점에서는 넓은 범위의 장식으로 볼 수도 있다. 또한 장식의 화려한 정도와 기본어휘, 장식을 표현하는 방식과 사용하는 목적 등에 있어서도 다양한 경우들이 존재한다. 포스트모더니즘의 고전장식 경향에서부터 네오 아르데코에 이르기까지 편차도 크다. 기하 장식주의는 그 가운데 하나이다.

기하를 이용한 장식어휘의 사용은 오랜 역사를 갖는 경향이다. 고대 이집트 건축이나 고대 근동 건축의 예에서 보듯이 건축의 기원과 함께한다. 서양 건축의 경우 이후 그리스, 로마, 비잔틴, 고딕, 르네상스, 바로크 등 거의 모든 시대양식에서 기하를 이용한 장식어휘는 계속 등장한다. 각 나라는 고유한 기하문양을 전통 의장양식으로 갖는다. 20세기 현대문명에서는 이러한 문양에 더하여 구조방식을 활용한 기하 장식주의가 새로운 경향으로 더해진다. 기술공학의 발전에 따라 구조공법을 노출시켜 의장요소로 활용하려는 경향이 그것이다. 이때 기하형태를 이용한 장식주의는 유용한 접근방식이 될 수 있다.

후기 산업사회에 들어와서 상업문화가 확장되면서 장식은 건축에서 중요한 역할을 새롭게 확보하고 있다. 상업건축은 단순히 간판을 잘 만드는 정도의 문제를 넘어서 건축의 모든 양식에 중요한 영향을 끼치는 문명의 기저현상으로 자리잡고 있다. 거의 모든 종류의 건물들에 장식 개념을 첨가해달라는 요구가 늘고 있다. 특히 패션적 사고방식과 표현경향이 문명 전체에 걸쳐 크게 유행하는 시대상황은 이런 현상을 부추긴다. 거의 모든 양식사조를 이용하여 장식을 표현하는 현상이 건축 전반에 걸쳐서 나타나고 있다. 장식과 안 맞는 것으로 분류되어오던 심각한 양식사조를 이용한 장식표현 경향도 두드러진다. 정통 모더니즘에서는 생각도 하기 힘든 이 시대만의 상황이다.

기하의 경우도 예외는 아니다. 기하 장식주의는 현대건축에서 기하주의를 대표하는 경향 가운데 하나이다. 기하는 건축에서 가장 폭넓게 사용되는 매개이다. 이와 동시에 기하는 가장 중립적인 건축매개이기도 하다. 이것은 기하가 한 시대를 대표하는 경향에 무리없이 사용될 수 있음을 의미한다. 시대상황의 변화에 따른 적응력이 높다는 의미이다. 건축의 역사는 이런 사실을 잘 보여준다. 현대의 후기 산업사회 또한 그러하다. 현대건축에서의 기하 장식주의는 이상과 같은 배경 아래에서 그 의미를 이해할 수 있다.

1990년대 한국 현대건축에서도 기하 장식주의를 보여주는 예들이 일정 수 발견된다. 앞에서 살펴본 표현성을 이용한 기하 이미지는 이 경우에 해당되는 좋은 예이다. 조건영의 작품들은 다시 한번 이 경우를 대표한다. 조건영의 동숭동 J.S. 빌딩, 후렛시네 사옥, 팬텍 기술 연구소가 그것이다. 조건영의 트레이드마크인 삼각형 프레임은 다른 건축가들에게서도 발견된다. 김관석의 아르텍 빌딩과 천성 빌딩 그리고 김개천의 지암비코 빌딩 등이 그 예이다. 강건희+강철희의 연안 콤플렉스와 차운기의 평창동 다가구 주택은 면장식의 예를 보여준다. 김효만의 대한 어린이집과 최승원의 신 병원은 귀여운 기하를 사용한 예를 보여준다. 윤주헌의 녹색 갤러리와 김현석+황규열은 기본 기하형태를 장식적으로 활용한 예를 보여준다.

조건영, 김관석, 김개천

2

삼각형 프레임과 자기표현

후렛시네 사옥 대 아르텍 빌딩 : 자극과 눈길

1990년대 한국 현대건축에서의 기하 장식주의는 자극성 강한 어휘로부터 시작되었다. 이 어휘는 1990년도에 처음 나타났으며 1991년에 지어진 세 채의 건물을 시효로 본격화되었다. 조건영의 동숭동 J.S. 빌딩은 이 어휘를 처음 선보인 건물이었다. 이후 조건영은 1991년 후렛시네 사옥과 우성 사옥에서 이 어휘를 반복 사용하였다. 김관석도 1991년 아르텍 빌딩에서 이 어휘를 사용하였다. 이 가운데 우성 사옥에 대해서는 앞에서 살펴보았다.

여기에서는 나머지 두 건물인 후렛시네 사옥과 아르텍 빌딩을 비교해보자. 이 두 건물은 모두 삼각형 프레임을 지붕에 사용한 공통점을 보여준다. 삼각형 프레임은 시각적 자극성을 가지며 사람들의 시선을 건물로 불러들이는 작용을 한다. 이 어휘는 이후 두 건축가의 트레이드마크가 되었다. 1994년에는 김개천도 이 어휘를 사용하고 있다. 이처럼 삼각형 프레임은 여러 건축가들이 공통으로 사용하는 조형어휘가 되었다.

시효라는 관점에서 보았을 때 조건영과 김관석 가운데 누가 이 어휘를 먼저 사용했는지를 판단하기는 쉽지 않아 보인다. 잡지에 발표된 날짜를 기준으로 보자면 물론 조건영의 건물들이 앞선다.

동숭동 J.S. 빌딩은 1990년 5월, 후렛시네 사옥은 1991년 4월, 우성 사옥은 1991년 7월에 발표되었다. 반면 아르텍 빌딩은 1991년 12월이었다. 발표시기에서의 1년 7개월이라는 시차는 저작권을 결정하는 기준이 될 수도

그림 225
조건영, 후렛시네 사옥, 서울, 1991

있다. 이후 작품에서의 대표성을 따져보더라도 삼각형 프레임은 조건영이 대표성을 더 갖는다고 할 수 있다. 앞에서 살펴본 우성 사옥과 서울 국악 예술 고등학교를 비롯하여 1990년대 조건영 작품의 대부분에 이 어휘가 쓰이고 있기 때문이다. 후렛시네 사옥, 동숭동 J.S. 빌딩, 팬텍 기술 연구소 등이 그 예이다.

집중도 면에서 보더라도 조건영의 거의 모든 대표작에는 이 삼각형 프레임이 등장한다. 바꿔 얘기하면 조건영의 작품 특성은 삼각형 프레임 하나로 대표된다는 의미이다. 이것 이외에 조건영을 특징짓는 다른 어휘나 경향은 없어 보인다. 이에 반해 김관석은 이외의 다른 경향을 함께 보여주며 삼각형 프레임에의 집착 정도가 그리 심하지 않은 차이가 있다. 삼각형 프레임이 쓰인 건물도 아르텍 빌딩과 천성 빌딩 정도이다. 프레임이 건물을 주도하는 정도를 보더라도 조건영의 경우에는 건물 전체가 온통 삼각형 프레임으로 구성되는데 반해 김관석의 경우에는 제한적으로 사용되는 차이가 있다.

그림 226
김관석, 아르텍 빌딩, 서울, 1991

이러한 삼각형 프레임은 골목 속에 숨은 건물이 자신의 존재를 알리는 목적으로 차용되고 있다(그림 225, 226). 강한 자극성이라는 조형특성과 잘 어울리는 선택으로 보인다. 선형부재가 만드는 각도로만 보자면 삼각형은 정삼각형에 가깝다. 그러나 선형부재는 날카로운 예각을 만들면서 한 점에서 만나고 있다. 프레임의 골격을 이루는 선형부재가 다 드러나 있기 때문에 예각은 뾰쪽한 이미지를 만들어낸다. 또한 하늘을 향하여 꼭지점을 이루기 때문에 뾰쪽한 자극성은 배가된다. 일단 시선의 각도가 그러하다. 아래에서 위로 올려다보기 때문이다. 이 경우 지붕이 너무 높으면 오히려 시각효과는 반감될 수 있다. 시각요소가 높은 하늘 저 멀리 떨어져 있게 되면 잘 보이지도 않으려니와 나와 같은 세계에 속한다는 현실감도 떨어지기 때문이다. 그러나 이 두 건물들에서는 떨어진 거리도 적당하다. 올려다보는 시선각도가 효과를 발휘하기에 적당한 거리를 유지하고 있다. 그 결과 삼각형 프레임은 하늘을 찌르는 앙천작용을 하고 있다(그림 227, 228).

이같은 삼각형 프레임이 수행하는 건축적 기능은 무엇인가. 이 어휘는 이 두 건물들에서 왜 필요한가. 그것은 한마디로 장식기능이다. 장식기능은 부분요소로 정의됨으로써 확보된다. 이 삼각형

그림 227
조건영, 후렛시네 사옥, 서울, 1991

프레임은 건물의 성립 여부를 결정짓는 일차 요소는 아니다. 이것이 없더라도 건물은 잘 서 있다. 공간에도 아무런 영향을 끼치지 않는다. 건물을 서 있게 해주는 구조골격도 아니며 공간을 에워싸는 벽도 아니다. 구조의 연속으로 볼 수 있는 측면이 있긴 하지만 정작 구조역할을 하고 있지는 못하다. 이를테면 헛구조인 셈이다. 건물 본체가 먼저 세워진 뒤 가해진 부가요소일 뿐이다. 전체가 되지 못하고 부분에 머물러 있다.

이같은 장식기능은 삼각형이라는 기하형태를 통해 표현된다. 기하요소가 표현매개로 쓰이면서 형태의 바탕을 이루고 있다. 기하적 특성이 장식역할을 결정하고 있다. 기하 장식주의에 해당된다. 이때 기하는 단순 기하가 아니다. 종이 위에 그린 도형과는 다르다는 의미이다. 장식 또한 단순 장식이 아니다. 꽃무늬 벽지와는 다르다는 의미이다. 기하와 장식 모두 구조 프레임이라는 건축요소에 의해 정의되고 있다. 부가요소이긴 하지만 건물과 한 몸으

그림 228
김관석, 아르텍 빌딩, 서울, 1991

로 작동하는 최소한의 건축적 융합은 확보되고 있다. 건축양식으로서의 기하 장식주의이다.

후렛시네 사옥과 아르텍 빌딩에서 기하 장식주의가 갖는 목적은 한마디로 눈길 끌기이다. 건물의 기능상 특별히 눈길을 끌어야 할 필요성이 처음부터 주어지는 것은 아니다. 두 건물 모두 이벤트 성격이나 패션 경향이 강한 기능유형이 아니기 때문이다. 그저 평범한 사무소 건물일 뿐이다. 눈길 끌기는 건물 혹은 건축가가 자신들의 정체성을 주장하고 싶어하는 자기표현 욕구에 해당된다. 이런 욕구는 일반론적으로 얘기해서 누구나 가질 수 있는 것이다. 이를테면 증명이나 설명이 필요 없이 처음부터 가정이 성립될 수 있는 초기조건 같은 것이다. 따라서 두 건물에서의 이런 욕구도 처음부터 일정한 타당성을 갖는 것으로 이해될 수 있다. 여기에 더하여 두 건물에서 욕구표현을 더욱 타당한 것으로 만들어 주는 두 가지의 특수상황이 있다.

한 가지는 중소 규모의 사무소 건물에 가해지는 제한으로부터 탈피하기 위한 수단으로서의 자기표현 욕구이다. 사무소 건물의 경우 건축주는 대부분 반드시 지켜져야 할 최우선의 조건으로 최대 연면적을 제시한다. 여기에 주차, 일조권, 사선제한, 고도제한, 용적률이나 건폐율 등과 같은 법규가 더해지면 건물의 공간구성은 사실상 처음부터 90% 이상 결정된다. 단순 사각형을 층층이 쌓은 구성 이상의 참신한 창작은 기대하기 힘들어진다. 마지막으로 공사비의 제한까지 더해지면 외관모습마저 거의 결정되어버린다. 공법과 재료사용에서 건축가의 재량권이 없어져버리기 때문이다. 건축가가 작품성을 논하고 자신의 조형관을 표현할 여지는 매우 축소된다. 거의 없다고 봐도 좋다. 동네에서 흔히 볼 수 있는 평범한 주변건물하고 똑같아져버린다. 건물 주인만 다를 뿐 건물은 대량 생산품처럼 동일해진다. 건물이 개성을 갖지 못하게 하는 거대한 억압구도가 상위질서로 작용하는 것이다.

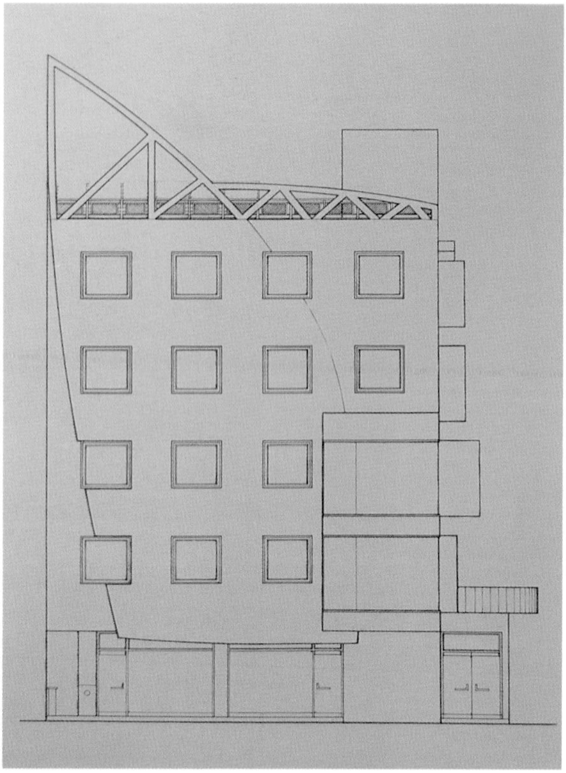

그림 229
김관석, 아르텍 빌딩, 정면도, 서울, 1991

모든 건물들에 동일하게 적용되는 최선의 해답이 '일반해'와 같은 개념으로 처음부터 정해져 있다. 이러한 일반해나 동일성은 적어도 한국의 현대건축가라면 누구도 피해갈 수 없는 절대상황이

그림 230
조건영, 후렛시네 사옥, 서울, 1991

되어 있다. 일반해가 강요되고 이것을 따르다보면 건물은 유형화되다 못해 최소한의 자기개성도 못 갖는 상투적 모습이 된다. 한편 이런 상황은 건축에만 한정된 것은 아니다. 건축에서의 이런 상황은 더 큰 사회현실의 일부분일 뿐이다. 교육과 일상생활 전반에 걸쳐 있는 한국사회의 억압현실이 그것이다. 자기개성을 발휘할 기회가 구조적 규범에 의하여 원천적으로 봉쇄되어 있는 사회 전반의 억압구도이다. 이같은 상황이 중소 규모의 사무소 건물을 둘러싸고 아주 똑같이 형성되어 있다. 후렛시네 사옥과 아르텍 빌딩에서의 자기표현 욕구는 이처럼 고착화된 상황 속에서 자신의 정체성을 주장하려는 조형의도이다. 몰개성을 강요하는 상황 속에서 개성을 표출하기 위한 몸짓인 것이다.

다른 한 가지는 두 건물이 처한 대지상황이다. 두 건물 모두 간선도로에서 많이 들어가 있는 좁은 이면도로를 면하고 있다. 구석진 곳에 틀어박혀 있다는 표현이 어울릴 법하다. 골목길까지는 아니라고 해도 건물의 존재를 알리기에는 불리한 조건이다. 이를테면 건물위치를 설명하는데 말로는 안 되고 별도의 약도가 필요한 상황 정도로 볼 수 있다. 이런 대지상황은 앞에 언급한 것과 같은 어려운 상황을 더욱 어렵게 만든다. 건물은 가해지는 조건에서뿐 아니라 놓이는 위치에서까지도 자신의 존재를 알리기가 점점 불리해진다.

후렛시네 사옥과 아르텍 빌딩의 자기표현 욕구는 이같은 이중의 불리한 상황 속에서 자신의 정체성을 드러내기 위한 조형행위이다. 시각적 자극은 눈길을 끌고 이것은 관심으로 이어진다. 수많은 평범한 주변건물들과 다르게 보여야 하는 조형적 목적을 만족시키기 위함이다. 이것을 통해 정체성이 표현된다. 한마디로 '상투성을 깨뜨리는 방법'이 요구된다. 심지어 '위험하게 보이는 건물'이 되고 싶어하기도 한다. 뾰쪽한 삼각형 프레임을 이용하여 하늘을 찔러대는 기하장식 처리는 이러한 목적으로 차용되고 있다(그림 229, 230).

이상이 두 건물에 차용된 삼각형 프레임이 갖는 기하 장식주의의 의미와 그 기능이었다. 이런 점들에 있어서 두 건물은 공통점을 갖는다. 그러나 삼각형 프레임의 구체적 처리 내용에 있어서는 두 건물 사이에 차이점도 발견된다. 가장 큰 차이는 삼각형의 형태이다. 후렛시네 사옥의 삼각형은 정형적이다. 반듯하게 삼각형의 원형윤곽을 유지하고 있다. 흐트러짐 없는 삼각형의 차가운 이미지를 잘 보여준다. 각도도 훨씬 뾰쪽하다. 개수도 두 개이다. 건물의 프로그램 구성을 코어 매스와 본체로 분리시킨 후 각각에 한 개씩의 삼각형 프레임을 배당하고 있다. 삼각형의 건축적 장악력을 극대화시키고 있다. 이에 반해 아르텍 빌딩의 삼각형 프레임에는 곡선이 섞여 쓰이고 있다. 혹은 삼각형이 변형된 것으로 보이기도 한다. 개수도 한 개뿐이다. 옥상 난간과 나란히 놓이면서 삼각형의 정형성은 많이 훼손되어 있다. 삼각형의 건축적 장악력을 완화시키려는 의도가 읽힌다.

삼각형 프레임을 축조한 구조방식도 서로 다르다. 후렛시네 사옥에서는 삼각형 프레임이 지붕과 자연스럽게 연속되어 있다. 코어 매스에서는 지붕과 아래 몸통과의 구별조차 없기 때문에 지붕에 쓰인 프레임은 몸통의 연속으로까지 느껴진다. 재료도 동일하다. 재료는 노출되어 있으며 별도의 색채는 쓰이지 않고 있다. 인위성을 최소화한 이런 처리들은 연속성을 강화해주고 있다.

이에 반해 아르텍 빌딩에서는 삼각형 프레임이 다른 재료로 처리되어 있다. 콘크리트 라멘조의 몸통에 느닷없이 파이프 프레임이 덧붙여져 있다. 몸통의 연속이라기보다는 몸통에 덧붙여진 부가요소에 가깝다. 색채를 이용하여 연속성을 주려 해보지만 역부족이다. 삼각형 프레임을 이루는 곡선이 아래쪽 벽면으로 연장되면서 벽면을 둘로 분할하고 있다. 이렇게 분할된 두 면은 서로 다른 색으로 채색되어 있다. 삼각형 프레임은 이 가운데 왼쪽 면과 같은 색으로 채색되어 있다. 이런 처리는 삼각형 프레임과 벽면 사이의 연속성을 어느 정도는 만들어주고 있다. 그러나 재료와 구조공법의 이질감을 극복하지는 못하고 있다.

두 건물에 쓰인 삼각형 프레임은 형태적 유사성에도 불구하고 이같은 차이점을 보여준다. 그러나 그 조형적 목적은 동일하다. 시선과 관심을 끌어 건물의 정체성을 표현하려는 것이다. 후렛시네 사옥에서는 이것을 사선과 예각이라는 삼각형의 정형성을 이용하여 시도하고 있다. 변형을 최소화한 대표 이미지를 차용하고 있다. 건물은 다소 차가운 인상을 갖는다. 재료의 선택과 색채사용의 억제는 차가운 인상을 배가시킨다. 그러나 차가운 인상 자체가 후렛시네 사옥의 자기표현 전략이다. 후렛시네 사옥은 이같은 인상을 통하여 자신만의 정체성을 형성하는 데 성공하고 있다.

아르텍 빌딩의 경우도 마찬가지이다. 표현기법은 다르지만 똑같이 이것을 통하여 자신의 정체성을 확보하는 데 성공하고 있다. 아르텍 빌딩은 삼각형을 부드러운 이미지로 중화시키려는 조형의도를 보여준다. 곡선을 혼용한 점이 그러하다. 건물의 색조를 붉은색과 노란색으로 정한 점도 그러하다. 온색을 통해 따뜻한 이미지를 만들어내고 있다. 따뜻함은 부드러움과 일맥상통한다. 아르텍 빌딩의 이런 처리는 다소 인위적일 수 있다. 후렛시네 사옥에서와 같은 건물 본체와의 일체감이 부족하며 따라서 나중에 부가된 이차요소적 성격이 더 강하다는 의미이다. 이런 점에서 아르텍 빌딩의 삼각형 프레임은 더 장식적이라고 할 수 있다. 그러나 아르텍 빌딩의 경우도 기하 장식주의의 범위를 잘 지키고 있는 것으로 보인다. 그리고 이를 통해 진부한 주변환경 속에서 자신의 존재를 알리는 데 성공하고 있다.

지암비코 빌딩 대 팬텍 기술 연구소 : 상업문화와 정체성

후렛시네 사옥과 아르텍 빌딩에서 추구된 삼각형 프레임을 이용한 기하 장식주의는 여러 건물들로 확산되었다. 이후 조건영의 일련의 작품들은 그 대표적 예가 될 것이다. 김관석도 같은 모티브를 반복 사용하고 있다. 이 두 건축가의 경우는 자신들이 시작했던 어휘를 계속 사용한 경우에 속한다. 김개천도 한 건물에서 이 모티브를 사용하고 있는데 이 경우는 남의 어휘를 빌려 쓴 것으로 해석될 소지가 있다. 그러나 자신만의 개성으로 재해석해낸 내용도 보여준다.

한편 이같은 저작권 문제와는 별도로 이런 예들 사이에서는 앞

그림 231, 232
김개천, 지암비코 빌딩,
부산, 1994

에서 살펴본 정체성 표현의 주제가 계속 시도되고 있다. 지암비코 빌딩과 팬텍 기술 연구소는 그 좋은 예이다. 이 두 건물 역시 서로에게 비교 대상이 된다. 지암비코 빌딩과 팬텍 기술 연구소도 앞의 두 건물에서와 마찬가지로 자기표현 욕구를 조형목적으로 갖는다. 그리고 이러한 목적은 역시 기하 장식주의를 통해 시도되고 있다. 처한 상황도 비슷하다. 자신을 드러내 보이기 어려운 상황이기 때문에 자기표현 욕구가 더 커진 경우에 해당된다. 그러나 약간의 차이는 있다. 앞의 두 건물과의 공통점 및 차이점을 중심으로 지암비코 빌딩과 팬텍 기술 연구소를 살펴보자.

지암비코 빌딩을 보자. 이 건물의 경우 대지상황은 앞의 두 건물과 유사하다. 이면도로 속 구석에 박혀 있으며 평범한 소규모 상가건물들 사이에서 자신을 드러내 보여야 하는 상황이다(그림 231). 그러나 주변이 상업지역이며 지암비코 빌딩 자체도 상업건물이라는 차이가 있다. 이것은 사무소 건물로 둘러싸이고 자신들도 사무소 건물이었던 앞의 두 건물과 다른 상황이다. 상업건물은

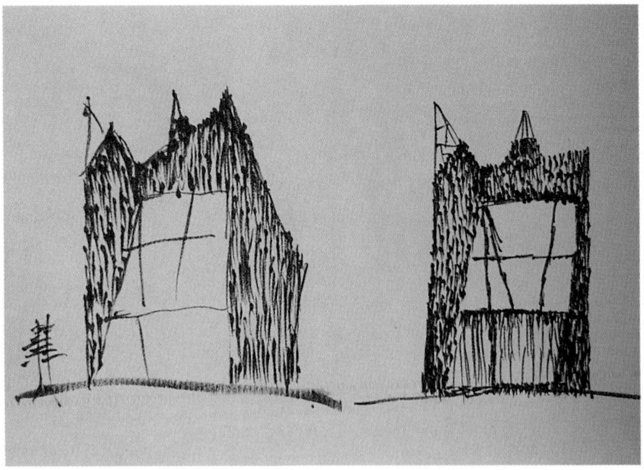

그림 233
김개천, 지암비코 빌딩,
부산, 1994

그림 234
김개천, 지암비코 빌딩,
입면 스케치, 부산, 1994

사무소 건물보다는 좀더 자극이 심한 이미지를 필요로 하기 때문이다. 이러한 차이는 삼각형 프레임 모티브가 다르게 처리된 결과로 나타난다.

지암비코 빌딩에서도 삼각형 프레임 모티브는 일차적으로 자신을 드러내 보이기 위한 목적으로 차용되고 있다. 이 모티브가 지붕에 쓰이고 있는 것까지도 유사하며 그 모양 또한 많이 유사하다(그림 232). 그런데 건물 전체로 보면 차이점이 느껴진다. 삼각형 모티브가 건물을 장악하는 정도나 이것에의 의존도가 지암비코 건물에서는 더 높아져 있다. 앞의 두 건물에서 삼각형 모티브는 프레임으로 축조되면서 지붕에 한정되었다. 이것은 아래쪽 몸통은 육면체를 유지했음을 의미한다. 이에 반해 지암비코 빌딩에서는 삼각형 모티브가 몸통에까지 확대 사용되고 있다.

지암비코 빌딩의 몸통은 삼각형에 가까운 비정형 다면체를 사선방향으로 쳐낸 것 같은 모습을 하고 있다(그림 233). 육면체의 직각은 남아 있지 않다. 건물 전체를 사선과 예각의 조형성이 주도하고 있다. 따라서 삼각형 프레임이 갖는 의미가 앞의 두 건물과 많이 다르다. 앞의 두 건물에서 삼각형 프레임은 육면체의 몸통과 분리되어 나중에 더해진 부가요소로 읽힌다. 지암비코 빌딩에서는 이런 부가성이 사라지고 삼각형 프레임은 몸통과 완전히 한 몸으로 느껴진다. 후렛시네 사옥을 다시 보자. 이 건물의 본체 매스와 코어 매스를 비교해보자.

본체 매스에서는 몸통과 지붕이 다른 몸으로 구성되었다. 재료 분리가 일어나고 있다는 의미이다. 이 때문에 지붕에 쓰인 삼각형 프레임은 그야말로 몸통과 완전 분리되어 있다. 이것이 코어 매스에 오게 되면 몸통과의 일체감이 많이 증가된다. 지붕과 몸통의 재료가 같아지기 때문이다. 재료가 같은 경우 연속성이 확보되는데 이것은 한 몸의 구성을 만들어내는 중요한 조건이다. 그러나 코어 매스에서도 아직 완전한 한 몸으로 느껴지지는 않는다. 형태의 이질감 때문이다. 육면체에서 예각삼각형으로의 전환이 너무 갑작스럽다. 완충이나 전이가 없는 갑작스런 변화는 인위성을 드러낸다. 인위성은 곧 다른 두 요소를 억지로 하나로 붙여놓은 것을 의미한다. 전환에 대한 조형적 동의가 없는 것이다. 아직 한 몸이 불완전하다.

이것이 지암비코 빌딩에 오면 완전한 한 몸으로 발전한다. 재료는 물론이고 앞에서 언급한 바와 같이 형태에 있어서도 일체적 분위기가 형성되고 있기 때문이다. 몸통과 지붕의 구별이 없어지기 때문에 삼각형 모티브가 특별히 지붕에 쓰이고 있다고 파악되지는 않는다. 큰 한 덩어리가 유기적으로 작용하여 건물의 몸통과 지붕이 만들어지고 삼각형 프레임도 생겨난 것 같다. 그렇기 때문에 삼각형 모티브에 의해 주도되는 지암비코 빌딩의 이러한 전체적 조형성은 표현주의적 특징으로까지 느껴진다(그림 234).

그림 235
김개천, 지암비코 빌딩, 부산, 1994

지암비코 빌딩이 보여주는 이러한 특징은 상업건물이라는 조건과 잘 부합된다. 상업건물은 자신의 존재를 알려야 되는 필요성이 사무소 건물보다 더 클 수 있다. 상업건물에 요구되는 자기표현 욕구는 모든 것이 패션 개념으로 계산되고 또한 이미지로 치환되는 현대 상업문명의 전반적 경향의 일환으로 정의될 수 있다. 만약 이런 가정이 성립될 수 있다면 사무소 건물보다는 상업건물에 더 비상한 자기표현이 요구될 수 있다. 상업건물은 시선을 끌기 위해 자극적 조형어휘로 포장된다. 이것은 건물이 자신의 정체성을 주장하는 단계를 넘어서서 살아남을 수 있느냐는 생존의 문제이다. 지암비코 빌딩에 나타난 삼각형의 표현주의 분위기는 이런 조건을 만족시키는 과정에서 나타난 현상으로 이해된다(그림 235). 삼각형 모티브를 이용한 기하 장식주의가 표현주의로 발전하면서 장식목적이 강화되고 있다.

팬텍 기술 연구소는 시골 한적한 곳에 위치한다. 일단 대지상황부터가 많이 다르다. 이런 대지환경은 자기표현과 관련하여 건물에 두 가지 조건을 제시한다. 한 가지는 낮은 구릉과 논밭 사이에

그림 236
조건영, 팬텍 기술 연구소,
경기도 김포군, 1998

서 자신을 정의해야 한다는 점이다. 자연 한가운데에서 자신을 조형적으로 정의해내기란 쉬운 일은 아니다. 주변에 인공 조형물이 하나도 없는 허허벌판에서 스스로에 대한 조형적 정의를 내려야 하기 때문이다. 다른 한 가지는 멀지 않은 거리를 지나가는 도로에서 잘 보여야 한다는 점이다. 한눈에 읽힐 수 있는 조형적 특징이 요구된다. 팬텍 기술 연구소의 기하구성은 이런 대지조건과 일정한 연관성을 갖는 것으로 이해된다.

먼저 건물 본체의 전체적 구성을 보자. 팬텍 기술 연구소는 두 개의 1/4원이 꼭지점을 마주하며 서 있는 형국으로 구성되어 있다. 이때 1/4원의 원호부분이 건물의 전면을 향하면서 두 개의 큰 곡면을 만들어낸다. 이 때문에 건물은 두 개의 원으로 구성된 모습으로 나타난다(그림 236). 몸통 처리에서부터 후렛시네 사옥이나 아르텍 빌딩과는 완전히 다른 개념을 갖는다. 이러한 차이는 팬텍 기술 연구소가 처한 이같은 대지조건의 측면에서 이해될 수 있다. 건물에 여전히 강한 정체성의 표현이 요구된다. 대지는 자연 속에 위치하며 인근 도로로부터의 가시성이 요구되고 있다. 서울 노심 속 상업지역에 위치한 앞의 두 건물들과는 다른 대지조건이다. 따라서 기하를 이용한 대응 역시 다르게 나타나고 있다.

원의 윤곽이 또렷하게 강조되고 있다. 두 장의 곡면이 교차하면서 원이 갖는 기하적 조형성이 극대화되고 있다(그림 237). 기하를 이용하여 전체 구성을 정의하려는 기하주의적 의도를 매우 명확하게 보여주고 있다. 원을 이용한 이러한 정형성은 자연에 대응되는 기하의 원형原形적 가치를 상징한다. 자연 속에서 기하가 사용되는 대표적 경우 가운데 하나이다. 여기에 더하여 이러한 기하 원형성은 그 자체가 시각적 인지도를 담보해준다. 자신의 존재를 알리기에 적합한 조형매개라는 의미이다. 여기까지는 모든 건물에 해당되는 일반론적인 얘기이다.

그런데 원은 이곳 팬텍 기술 연구소에서 특수한 의미를 갖는다.

그림 237
조건영, 팬텍 기술 연구소, 경기도 김포군, 1998

그림 238, 239
조건영, 팬텍 기술 연구소,
경기도 김포군, 1998

회사 로고를 구성하는 기본 조형어휘이기 때문이다. 회사 로고는 옥탑에 그려져 눈에 잘 띄고 있다. 옥탑 자체가 원형 모티브로 처리되어 있다(그림 238). 원으로 구성된 회사 로고를 보고 다시 원형건물을 보는 순간 관찰자는 통일감을 느낄 수 있다. 직접적 연관성을 즉각적으로 알아차리지는 못한다고 해도 잠재의식적으로 회사 이미지와 관련하여 하나의 큰 통일된 분위기나 흐름을 느끼게 된다. 이것은 회사의 정체성 주장을 돕는 효과로 나타난다.

다음으로 삼각형 프레임 모티브의 사용을 보자. 팬텍 기술 연구소에서도 삼각형 모티브가 쓰이고 있다. 이번에도 지붕에 조형물 개념의 장식요소로 쓰이고 있다. 그러나 후렛시네 사옥과는 큰 차이를 보여준다. 팬텍 기술 연구소에서 삼각형은 더이상 프레임으로 쓰이고 있지 않다. 엄밀히 얘기하면 삼각형 자체가 사라지고 없다. 삼각형의 잔재만 분위기로 번안되어 남아 있다. 수정체 모양의 비정형 다면체를 구성하는 기본 조형원리로 사선이 차용되고 있는데 이것에서 조건영의 트레이드마크인 삼각형 프레임의 잔재를 읽을 수 있다(그림 239).

그림 240
조건영, 팬텍 기술 연구소, 경기도 김포군, 1998

이같은 비정형 다면체는 1/4원 매스 하나에 각 하나씩 옥상 조형물로 덧붙여져 있다. 기능은 직원 휴게실이다. 삼삭형 프레임이 수정체 모양의 비정형 다면체로 변화한 이유는 건물 본체 구성과의 조화를 위해서인 것으로 보인다. 건물 몸통은 1/4원으로 구성되는데 여기에 삼각형 프레임을 덧붙이는 것은 일단 조형적으로 부조화를 낳을 수 있다. 뿐만 아니라 건물 몸통은 자연 속에 던져지면서 3차원 입체로 읽힌다. 이것은 건물이 도심 속에서 가로를 면하며 위치할 때 면으로 읽히는 경우와 큰 차이를 갖는다. 건물 몸통이 입체로 읽히기 때문에 옥상에 더해지는 조형장식 요소 역시 입체로 처리되어야 했을 것이다.

이때 이것을 삼각뿔처럼 삼각형의 모티브가 직설적으로 표현되는 형태로 처리할 수도 있었을 것이다. 그러나 이 경우 원으로 대표되는 회사 이미지와 대비되는 문제가 생긴다. 결국 삼각형을 사용하되 입체가 되어야 하며 원의 이미지와 일정 부분 조화를 이루어야 한다는 세 가지 조건을 동시에 만족시켜야 하는 상황에서 나온 것이 팬텍 기술 연구소의 옥상에 서 있는 비정형 다면체인 것이다. 형태적으로 볼 때 이 다면체는 이같은 세 가지 조건을 잘 만족시키고 있는 것으로 보인다.

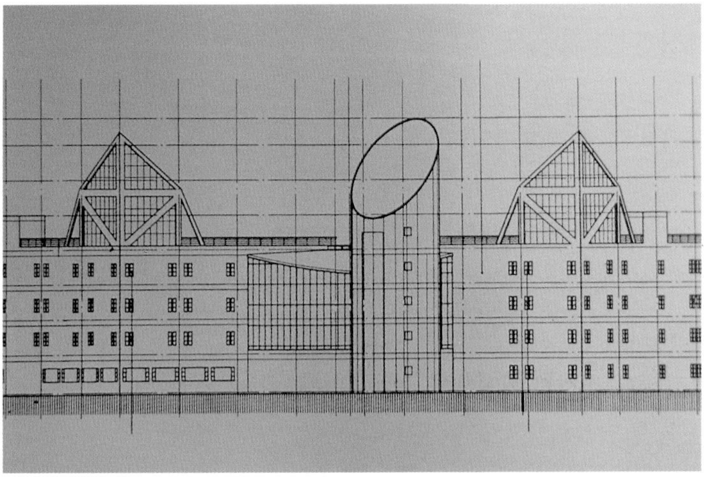

그림 241
조건영, 팬텍 기술 연구소, 북측 입면도, 경기도 김포군, 1998

분명히 삼각형과 원의 이미지가 동시에 느껴진다. 삼각형을 원의 이미지로 번안했거나 혹은 그 반대로 원을 삼각형의 이미지로 번안한 것으로 볼 수 있다(그림 240). 이 때문에 회사 로고와도 일정 부분 잘 어울리고 있다. 이런 이유로 인해 멀리서도 눈에 잘 뜨여야 한다는 목적도 동시에 만족시키고 있다. 후렛시네 사옥에서 시작된 삼각형 모티브를 이용한 기하 장식주의가 아직 유효한 것으로 보이며 건축적 의미 또한 그 연장선상에서 이해될 수 있다(그림 241).

다만 한 가지 아쉬운 점은 휴게실로서의 활용도가 전혀 없다는 것이다. 이 조형물은 바로 아래층의 식당과 연결되면서 휴게실로 계획되었다. 그러나 휴게실 이용이 없게 되자 현재는 창고로 변해 있다. 이 조형물은 입체이기 때문에 프레임으로 처리된 후렛시네 사옥에서의 조형물과는 건축적으로 다르게 정의되어야 한다. 그리고 휴게실이라는 기능을 담도록 한 처리는 그같은 이유에서 나온 것으로 보인다. 그러나 결과는 만족스럽게 활용되지 못하게 되었다. 조형물은 지나는 사람들에게 건물의 존재를 알리는 간판 역할에 머물고 있다.

천성 빌딩 : 거리와 인상

앞에서 살펴본 삼각형 프레임은 부가요소였다. 이러한 부가요소의 장식적 특징은 부분성이었다. 건물의 전체 골격이 세워진 뒤에 더해진 요소라는 의미이다. 물론 약간씩의 차이는 있다. 몸체 구조와의 연관성이 가장 중요한 기준일 것이다. 조건영의 건물들은 김관석이나 김개천의 경우보다 이러한 연관성을 더 갖는 것으로 볼 수 있다. 구조와의 연관성이 작을수록 부가요소나 부분요소로서의 특성은 커진다. 구조적 연관성과 반비례의 관계에 있는 또 다른 장식 개념으로 면요소를 들 수 있다. 구조란 건물 본체를 의미하고 본체는 다시 입체를 의미한다. 면요소는 이러한 입체 위에 더해진다는 의미이다.

면요소와 부분요소는 모두 부가요소로서의 장식적 특징이다. 면요소와 부분요소는 서로 일정한 연관성을 갖는다. 이런 내용은 앞 건물에 쓰인 삼각형 프레임의 예에서도 확인된다. 특히 김관석의 경우 이같은 면요소와의 연관성이 두드러진다. 김관석의 삼각형 프레임은 조건영이나 김개천보다 2차원 성격이 강하다. 물론 완전한 2차원 면요소는 아니다. 파이프 프레임으로 짜인 골격을 갖기 때문에 종이 위에 그린 것과 같은 2차원다움은 없다. 구조적 연관성에 대한 최소한의 암시를 갖는다. 또한 건물윤곽 밖으로 돌출해 있다. 3차원다움에 대한 최소한의 암시이다. 구조적 연관성과 3차원다움은 모두 부가요소는 가질 수 없는 특징들이다.

그러나 이런 암시들은 진실과는 거리가 있어 보인다. 구조적 연관성을 갖지만 구조요소는 아니다. 건물 본체는 콘크리트 라멘조이다. 삼각형 프레임은 파이프 강관으로 짜인다. 파이프 강관이

그림 242, 243
김관석, 천성 빌딩, 서울, 1994

구조역할을 하고 있다는 증거는 없다. 콘크리트 라멘조라는 이질 구조 위에 덧붙여진 것일 뿐이다(그림 242). 3차원다움을 보여주지만 3차원도 아니다. 건물 정면의 한 부분으로 읽히고 있다. 2차원으로 투사되어 읽힌다는 의미이다. 부가요소임을 감추려는 트릭 같아 보인다. 부가성은 장식의 특성 가운데 부정적인 쪽이라는 불문율이 건축가들 사이에 있기 때문일 것이다.

그러나 엄연히 부가요소일 뿐이다. 따라서 이 삼각형 프레임은 부분적이며 면적面的이다. 이런 특성은 정면에 가해진 채색처리에 의해 배가된다. 건물 정면에 채색을 가하는 처리는 건축에서는 가장 대표적인 면 다루기 기법이기 때문이다. 채색처리에 의해 정면

그림 244, 245
김관석, 천성 빌딩, 서울, 1994

은 두 개의 면으로 나누어지고 있다. 삼각형 프레임은 이 가운데 한쪽 면의 연속으로 읽히면서 역시 면요소로서의 특성을 강하게 갖게 된다.

천성 빌딩은 아르텍 빌딩에 이어 이런 내용을 잘 보여주는 예이다. 크게 보면 아르텍 빌딩의 단순 반복인 것으로 보인다(그림 243). 건물 본체 위 지붕에 삼각형 프레임을 얹고 있다. 삼각형 프레임에는 곡면이 섞여 쓰이고 있다. 이 곡면은 건물 정면에 채색하는 방식을 통해 본체로 이어진다. 정면 출입구에는 조형성 강한 차양이 삼각형 프레임과 세트 개념으로 더해져 있다. 건물 본체에도 같은 개념의 세트 처리가 가해져 있다. 아르텍 빌딩에서는 윈도 프레임을 면요소로 조형처리한 방식이 쓰였다(그림 244). 천성 빌딩에서는 건물의 한쪽 모서리를 곡면 처리한 방식이 쓰이고 있다(그림 245). 모습에는 차이가 있지만 모두 면요소를 이용한 처리라는 공통점을 갖는다. 이런 처리는

그림 246
김관석, 천성 빌딩, 서울, 1994

삼각형 프레임이 갖는 면요소의 특성을 강화시켜주는 역할을 한다. 삼각형 프레임은 이처럼 부분요소인 동시에 면요소로 작동한다.

두 건물에 나타나는 이러한 면요소는 건물의 인상을 결정한다. 앞에서 언급했던 자기표현, 정체성, 시선 끌기 등은 모두 건물의 입장에서 보자면 인상과 관련된 내용들이다. 건물의 인상을 통해 달성될 수 있는 내용들이라는 의미이다. 인상은 대도시 가로라는 환경상황과 깊은 연관성을 갖는다. 건물외관을 인상의 개념으로 정의한 건축관 자체는 오랜 역사를 갖는다. 각 시대마다 요구되는 인상의 조건들이 있었다.

현대에는 대도시 가로와 상업문명이 이런 조건들에 해당된다. 대도시 가로는 평범한 육면체 건물들로 혼잡을 이룬다. 그러나 이런 환경 속에 지어지는 새 건물들 역시 육면체의 조건에서 자유로울 수는 없다. 대도시 가로는 면적효율이라는 절대조건을 강요하기 때문이다. 그러면서도 건물들에는 자신들의 존재를 드러내 보일 수 있는 강한 개성이 요구된다. 특히 상업건물일 경우 더욱 그러하다(그림 246). 건물의 외관을 강한 하나의 이미지로 만드는 처리는 이 경우 유용한 해법일 수 있다.

건물의 정면을 면요소로 정의하는 기법은 다시 이러한 해법의 한 가지이다. 면으로 정의되어 표현되는 이미지는 대도시 가로의 또다

그림 247
김관석, 천성 빌딩, 서울, 1994

른 조건인 자동차 문화에도 적합하다. 현대 대도시 가로변의 건물들은 자동차에도 노출되어 있다(그림 247). 자동차로 이동하는 속도는 보행보다 훨씬 빠르다. 건물을 읽는 방식도 달라진다. 따라서 건물을 표현하는 방식도 달라져야 한다. 건물을 하나의 면으로 정의한 뒤 이것으로부터 이미지를 형성하는 처리는 이런 바뀐 상황에 맞는 기법일 수 있다. 천성 빌딩은 그 좋은 예를 보여준다.

강건희+강철희 대 차운기

3

삼각형 면장식

연안 콤플렉스 : 부분요소에서 면요소로

연안 콤플렉스는 천성 빌딩에서 살펴본 내용이 극단화된 경우에 해당된다. 극단화는 환경으로부터 건물에 주어지는 조건과 건물 쪽에서 이에 대응하는 방식 양면으로 일어난다. 먼저 환경조건을 보자. 연안 콤플렉스는 복잡하게 교차하는 도로 한가운데에 위치한다(그림 248). 대지는 도로들로 둘러싸여 외딴 섬 같다. 주 진입은 자동차만을 통해 이루어진다. 뿐만 아니라 건물의 감상 역시 자동차를 타고 지나가는 사람들이 주를 이룬다. 보행자와의 접촉은 거의 일어나지 않고 있다. 최근에 바로 옆에 지하철역이 생겨서 보행자가 일부 지나가기는 하지만 건물과 직접 마주치게 되어 있지는 않다. 더욱이 이 지하철역은 건물이 지어질 당시에는 없던 것이다.

이처럼 연안 콤플렉스의 대지조건은 가로를 접하고 있는 상황으로부터 많은 부분이 결정된다. 더욱이 건물을 둘러싸는 도로들은 모두 차량이 고속으로 달리는 도로이다. 이러한 환경조건은 건물의 조형조건을 결정한다. 건물 쪽에서의 대응방식을 결정한다는 의미이다. 자동차로 이동 중인 사람들의 인지방식을 주로 고려해야 하는 조형조건이다. 복합적 다중해석이 요구되는 조형처리

보다는 한눈에 읽힐 수 있는 명료한 이미지가 요구된다. 심각한 개념적 가치보다는 눈에 잘 뜨이는 시각적 가치가 우선된다. 따라서 이것을 표현하는 조형어휘도 작고 복잡한 것보다는 크고 단순한 것이 적합하다. 하나의 이미지를 한눈에 알아차릴 수 있게 해주어야 하기 때문이다.

그림 248, 249
강건희+강철희, 연안 콤플렉스, 서울, 1992

면장식은 이런 상황에 적합한 표현어휘이다. 이 내용에 대해서는 앞의 삼각형 프레임의 예에서 살펴보았다. 연안 콤플렉스의 면장식은 아르텍 빌딩이나 천성 빌딩의 삼각형 프레임에 나타난 면요소의 장식적 특성이 발전한 것으로 볼 수 있다. 가로환경이라는 대지조건이 극단화되었다. 이에 따라 면요소를 이용하여 이에 대응하는 조형처리 방식 역시 극단화된 것이다. 연안 콤플렉스 역시 상업건물이라는 사실은 이러한 면장식의 도입을 더욱 합리화시켜준다. 연안 콤플렉스의 면장식은 삼각형을 이용하여 만들어져 있다. 삼각형 면장식은 두 방향으로 처리되어 있다.

한 방향은 개구부를 이용한 추상문양 처리이다. 연안 콤플렉스

그림 250, 251
강건희+강철희, 연안 콤플렉스,
서울, 1992

입면에는 삼각형을 모티브로 한 장식문양이 그려져 있다(그림 249). 삼각형의 도형적 특성이 그대로 드러나고 있는 점에서 추상문양으로 볼 수 있다. 이 삼각형은 개구부에 해당된다. 사각형 창과 삼각형 창 조각을 이용하여 큰 삼각형이 그려져 있다. 이 삼각형을 중심으로 수평방향의 개구부가 더해져 있다. 기하의 추상성을 더해주고 있다. 앞면과 뒷면이 서로 조금 다른 모습을 하고 있기는 하지만 전체 기조는 동일하다(그림 250). 마치 면 위에 도형을 그려놓은 듯하다. 면장식의 개념을 잘 보여주고 있다.

다른 한 방향은 건물 몸통에 덧붙여진 가벽이다. 연안 콤플렉스의 건물 본체는 단순 육면체 형태를 하고 있다. 그러나 앞면과 뒷면의 두 장의 벽이 이 육면체 윤곽 밖으로 돌출해 있다. 일단은 앞에서 살펴보았던 얼개 열기와 같은 개념으로 볼 수 있다. 그러나 이것과는 다소 다르다. 돌출한 벽면이 삼각형으로 처리되어 있기

그림 252
강건희+강철희, 연안 콤플렉스, 서울, 1992

때문이다. 위쪽 꼭지점을 기준으로 아래쪽 사선방향으로 잘리면서 가벽은 삼각형 모양을 하고 있는 것이다. 이 때문에 시선방향에 따라서 건물 전체가 삼각형인 것처럼 보이기도 한다(그림 251). 삼각형 가벽은 또한 삼각형 개구부와 한 몸이 되면서 건물 전체에 삼각형 분위기를 형성시켜주고 있다.

옥상 한가운데에는 마름모가 덧붙여져 있다. 마름모는 기본적으로 삼각형 분위기를 일정 부분 갖는 도형이다. 연안 콤플렉스의 마름모는 여기에 더하여 네 개의 삼각형으로 분할 구성되어 있다. 이런 마름모는 특별한 기능을 갖기보다는 단순 장식요소로 볼 수 있다. 이를테면 사람들의 눈길을 끌기 위한 깃발 같은 것이다. 평지붕 한가운데에 돌출해 있기 때문에 작은 크기에도 불구하고 더욱 눈길을 끈다. 마름모를 구성하는 네 개의 삼각형은 각각 삼원색과 흰색으로 채색되어 있다(그림 252). 이상과 같은 처리들은 모두 면장식의 특성을 강화시켜준다.

그림 253, 254
강건희+강철희, 연안 콤플렉스,
서울, 1992

연안 콤플렉스의 삼각형 면장식은 자동차의 속도감을 조형 모티브로 갖는다. 자동차의 속도감을 율동감이라는 조형 개념으로 해석한 뒤 이것을 삼각형을 이용하여 표현한 것이다. 삼각형의 사선과 예각은 긴장감을 낳으면서 속도감에 해당되는 조형적 느낌을 만들어낸다. 그러나 이런 속도감은 불쾌한 긴장감으로 흐르지는 않는다. 그보다는 일상생활용품으로서의 자동차의 이미지와 닮은 분위기로 나타난다(그림 253, 254). 후기 산업사회를 대표하는 소비재로서의 이미지이다. 이런 이미지에는 약간의 팝적인 요소도 가미되어 있다. 씽씽 달리는 만화의 한 장면 같은 분위기이다. 한마디로 자동차라는 조형 개념을 삼각형 면장식을 이용하여 소비상업 문화의 이미지로 번안한 것이다. 외장마감 재료인 컬러 반사유리와 알루미늄 패널은 이런 분위기를 보강시켜주고 있다.

그림 255, 256
차운기, 평창동 다가구주택,
서울, 1999

평창동 다가구주택 : 차양과 음각

평창동 다가구주택은 여러 면에서 연안 콤플렉스와 유사하다. 크게 보았을 때 삼각형을 이용한 면장식이 조형성을 결정하는 것이 기본개념이다. 물론 몇 가지 차이도 있다. 우선 건물기능이 다르다. 상업건물과 공동주택은 결정적인 차이일 수 있다. 건물에 요구되는 장식성의 강도가 크게 다를 수 있기 때문이다. 대지조건을 구성하는 가로상태도 또한 다르다. 평창동 다가구주택의 대지조건은 연안 콤플렉스만큼 가로로부터 절대적 영향을 받고 있지는 않다. 그러나 이런 차이에도 불구하고 가로변을 향하여 개성 있는 인상을 주기 위한 수단으로 삼각형 면장식을 차용한 점에서는 유사하다(그림 255).

구체적 처리내용에서도 유사점과 차이점이 동시에 발견된다. 평창동 다가구주택에서도 삼각형 면장식은 개구부와 벽면이라는 두 가지 어휘를 이용하여 표현되고 있다. 마름모 형태가 사용되고 있는 점도 유사하다. 재료를 이용하여 이와 같은 삼각형의 분위기를 보강하고 있는 점도 또한 유사하다. 그러나 역시 차이도 있다. 개구부를 이용한 삼각형 표현이 연안 콤플렉스에서처럼 가지런하지 못하다. 하나의 큰 삼각형을 만들지도 않고 있으며 그것이 추상문양 같은 정리된 모습으로 나타나지도 않고 있다. 매우 작은 형태의 삼각형 창이 산발적으로 뚫려 있을 뿐이다(그림 256).

위아래로 줄을 맞추고 있기는 하지만 군집의 느낌이나 질서감을 형성하고 있지는 못하다. 이런 줄 맞추기는 공동주택이라는 기능을 만족시키기 위한 현실적 목적에서 나온 것으로 보인다. 조형적 의도는 개별적 분산으로 느껴진다. 양적인 측면에서 삼각형의 사용은 억제되어 있다. 그러나 조형적 효과의 측면에서는 삼각형의 분위기가 충분히 나타나고 있다. 작은 삼각형 창이 액센트를 주고 있기 때문이다. 액센트는 대비적 분위기를 바탕으로 건물에 삼각형 이미지를 만들어내는

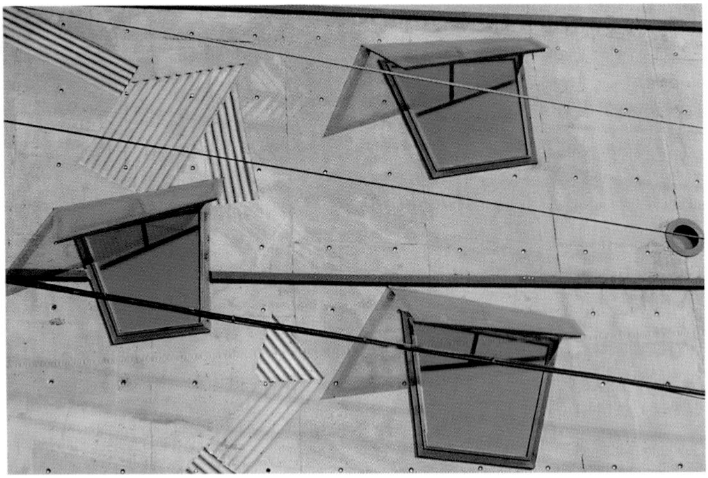

그림 257
차운기, 평창동 다가구주택, 서울, 1999

데 성공하고 있는 것으로 보인다. 이러한 삼각형 이미지를 돕는 다른 처리들이 몇 가지 있다.

첫째는 마름모형의 창이다. 엄밀히 얘기하면 마름모 형태는 아니다. 그보다는 찌그러진 사각형에 더 가깝다(그림 257). 이런 찌그러짐은 사선을 동반한다. 이 속에서 삼각형의 존재가 암시되고 있다. 찌그러진 사각형 창은 뚫린 형국 또한 기우뚱하다. 삼각형의 분위기는 배가된다. 개수나 면적으로 볼 때 평창동 다가구주택의 창을 구성하는 주요 기하요소는 이 찌그러진 사각형이다. 이 형태는 건물 전체에 삼각형 분위기를 만들어내는 데 결정적인 역할을 하고 있다.

둘째는 차양이다. 삼각형 창에는 삼각형 차양이 쓰이고 있다. 찌그러진 사각형 창에는 사다리꼴의 차양이 쓰이고 있다. 사다리꼴은 삼각형에 가까운 기울기를 갖는다. 음영은 거의 삼각형으로 읽힌다. 음영은 빛 작용이기 때문에 질감과 분위기가 일반 건축어휘와는 다르다. 음영만의 이러한 조형성은 건물에 특정효과를 집

중적으로 만들어내는 데 도움을 준다. 특히 평창동 다가구주택에서처럼 동일형태로 반복 사용될 경우 더욱 그러하다. 음영이 갖는 이런 효과는 삼각형 창에서도 동일하게 나타난다. 삼각형 창의 조형특성을 보강함으로써 작은 크기를 보완해준다. 출입문에 쓰인 큰 삼각형 차양은 창에서 읽은 삼각형 이미지에 클라이맥스 같은 상승 효과를 준다(그림 258). 건물 전체적으로 볼 때 음영은 차양이 갖는 삼각형 이미지를 강화하는 조형적 액센트 기능을 한다.

그림 258
차운기, 평창동 다가구주택,
서울, 1999

셋째는 벽면에 가한 음각처리이다. 평창동 다가구주택의 벽면에는 노출 콘크리트가 마르기 전에 무엇인가를 찍어눌러 만든 자국이 새겨져 있다. 일종의 음각 같은 것이다. 음각은 면장식의 대표적 예 가운데 하나이다. 2차원 면을 바탕으로 가지며 만들어진 결과 또한 2차원 상태이다. 조형적 특성 역시 2차원으로 정의된다. 이처럼 음각을 이용하여 조형성을 추구하는 처리는 면장식의 개념이 건물 전체를 주도하고 있음을 보여주는 현상으로 이해된다(그림 259).

평창동 다가구주택에서 음각은 주름진 슬레이트 판이 주종을 이루면서 물결모양의 무늬를 만들어낸다. 부분적으로 매끈한 표면을 갖는 자국도 있다(그림 260). 이 음각문양은 창에 쓰인 형태들인 삼각형과 찌그러진 사각형으로 구성되어 있다. 따라서 전체적인 조형성은 창에서 표현되었던 삼각형의 분위기가 반복된다. 여기에 더하여 음각이 갖는 위치상의 자유로움은 이러한 삼각형 분위기를 보강시켜 준다. 음각문양은 실내기능이나 구조 등에 구애받지 않고 아무 곳이나 빈 벽면에 찍으면 된다. 개수도 여러 개가 몰려 있을 수 있다. 이런 특징들은 수평-수직의 십자구도에서 일탈하는 사선을 형성한다. 사선은 자유로운 분위기를 만들어낸다. 이런 내용들은 모두 삼각형의 이미지와 부합되는 것들이다. 음각문양은 창과 나란히 찍히면서 창에서 시도되었던 삼각형의 조형성을 배가시키고 있다.

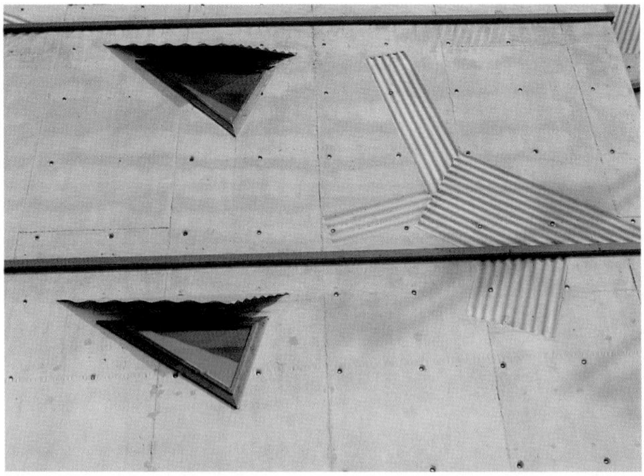

그림 259, 260
차운기, 평창동 다가구주택, 서울, 1999

이상이 개구부 처리에 있어서의 삼각형 면장식이 쓰인 내용들이었다. 평창동 다가구주택에서 삼각형 면장식은 벽면을 이용하여 표현되기도 한다. 이 경우 역시 연안 콤플렉스와 차이가 있다. 평창동 다가구주택에서는 육면체의 얼개가 열려 있지는 않다(그림 261). 측면에서 약간의 벽면 어긋남이 일어나고 있기는 하지만 얼개가 열린 것으로 보기는 어렵다. 더욱이 벽면이 사선방향으로 잘린 것과 같은 처리는 전혀 없다. 건물 전체의 윤곽은 육면체를 유지하고 있다. 그럼에도 벽면을 이용하여 삼각형의 분위기를 표현하고 있다는 느낌이 강하게 형성되어 있다. 이런 느낌은 두 가지 처리로부터 기인한다.

한 가지는 지붕과 출입구 차양에 쓰인 삼각형 판재이다. 옥탑 위에는 삼각형 판재가 지붕의 개념으로 건물을 덮고 있다. 건물 전체의 크기에 비하면 작지만 옥탑을 완전히 덮으면서 삼각형의 분위기를 확실하게 보여주고 있다. 두 장이 겹쳐진 처리는 이런 분위기를 보강시켜준다(그림 262). 출입구 차양에도 역시 삼각형 판재가 쓰이면서 이것과 세트를 이룬다. 세트 처리는 의도한 조형 효과를 배가시킨다. 출입구는 건물의 시작이며 지붕은 건물의 마감이다. 시작과 끝을 동일한 모티브로 세트 처리함으로써 이것들을 구성하는 어휘의 조형성은 강조된다.

다른 한 가지는 경사지를 이용한 처리이다. 평창동 다가구주택은 경사지에 서 있는데 이런 지형을 따르다보니 건물의 정면이 사다리꼴을 이룬다. 여기까지는 경사지에서 흔히 나올 수 있는 평범한 결과이다. 그러나 평창동 다가구주택은 여기에서 멈추지 않고 있다. 밑동부분에 또 하나의 사다리꼴을 만듦으로써 사각형 윤곽을 깨고 있다. 건물의 1층이 둘로 나뉘면서 땅 위로 드러난 낮은 쪽 절반이 밑동을 형성한다. 이 부분이 옥외공간으로 노출 처리되어 있다. 한편 이 밑동부분의 벽면이 도로를 면하게 되는데 도로로 출입하는 개구부가 사다리꼴로 뚫려 있다. 이때 속공간이 옥외공간으로 노출되어 있기 때문에 사다리꼴을 만드는 개구부는 3차원 입체가 아닌 2차원 벽면으로 구성된다.

이처럼 벽면으로 구성되는 사다리꼴 개구부는 정면 전체의 사다리꼴 윤곽과 연상작용을 일으킨다. 측면의 얼개가 열린 것처럼 보이는 모습은 벽면을 매개로 한 이같은 연상을 도와준다. 결과적으로 건물 정면은 하나의 커다란 사다리꼴 벽면으로 읽힌다. 마지막으로 이런 사다리꼴은 삼각형 분위기를 형성한다. 이것을 돕는 것은 앞에서 살펴본 것과 같은 정면에 뚫린 창, 이 위에 얹힌 차양 그리고 음각문양 등이다. 이러한 이차요소들은 본체 윤곽과 어우러지면서 건물 전체에 삼각형의 조형성을 새겨놓고 있다. 삼각형의 조형성은 다시 면장식의 개념으로 표현되고 있다. 삼각형 면장식이다.

그림 261
차운기, 평창동 다가구주택,
서울, 1999

이상이 평창동 다가구주택에 나타난 삼각형 면장식의 내용이었다. 평창동 다가구주택에서의 삼각형 면장식은 두 가지 목적을 갖는 것으로 보인다. 한 가지는 앞에서 살펴보았던 다른 건물들의 경우와 동일한 것이다. 건물에 개성 강한 인상을 줌으로써 주변환경 속에서 자신의 존재를 알리고자 함이다. 공동주택의 경우 이런 필요성이 상업건물만큼 강하지는 않지만 자신을 튀어 보이게 하고 싶은 욕망은 현대 대중소비 사회의 보편적 현상으로 볼 수 있다.

그림 262
차운기, 평창동 다가구주택,
서울, 1999

평창동 다가구주택의 스산하고 강한 인상은 이런 목적을 잘 달성하고 있는 것으로 보인다. 첫인상은 표현주의적 분위기를 보여주지만 자세히 살펴보면 팝 계열의 대중주의적 냄새가 많이 난다는 것을 알 수 있다. 표현주의적 분위기는 눈길을 끄는 강한 인상의 역할을 한다. 그러나 그 최종목적은 순수한 표현주의적 조형관은 아니다. 그보다는 팝적인 대중성을 지향한다. 장식적 조형관에 가깝다는 의미이다. 건물의 정체성을 눈에 뜨이는 외관의 인상이나 이미지를 통하여 주장하겠다는 조형관이다.

다른 한 가지는 주택에 적합한 조형어휘를 제시하고자 함이다. 이런 목적은 공예적 특성을 통하여 시도되고 있다. 평창동 다가구주택에서 시도된 삼각형 면장식은 매우 공예적이다. 이런 내용은 평창동 다가구주택만의 몇 가지 특징적 처리를 통하여 표현되고 있다. 무엇보다 모듈의 거부가 두드러진다. 창을 비롯한 건축어휘들이 같은 것이 없다. 건축 현대건축의 절대조건인 대량생산의 이미지에서 벗어나려 하고 있다. 대량생산은 곧 산업성을 상징한다. 산업성은 다시 공예에 반대되는 기계생산을 상징한다. 기계생산은 건축에서 동일한 모듈의 반복으로 나타난다. 평창동 다가구주택에서는 이것을 피하려는 조형의도를 분명히 하고 있다.

동일성의 거부는 손끝으로 만든 것 같은 디테일 처리로 이어진다. 평창동 다가구주택은 현장에서 손을 이용한 수고가 많이 들어간 흔적을 보여준다. 우선 창과 출입구에 붙여진 차양이 그러하다. 기울어진 각도와 서로 어울리는 모습 등은 사전에 정해진 것이 아니라 현장에서 눈썰미로 즉석에서 결정된 것으로 보인다. 음각 또한 그러하다. 음각은 매우 불규칙하게 찍혀 있다. 그 위치를 정하는 데만도 수공예에 해당되는 것과 같은 정성과 수고가 들어갈 것처럼 보인다. 음각문양끼리 어울리는 전체 효과는 더욱 그러하다. 이 모든 것들은 공예적 특징을 형성한다. 그리고 공예적 특징은 주택이라는 기능유형과 부합된다. 일상생활을 구성하는 손끝 정성의 이미지를 상징하기 때문이다.

최승원 대 윤주헌

4

귀여운 기하와 장식 감흥

신 병원 : 상징과 장식 사이

상징은 장식과 통한다. 상징은 기본적으로 장식적 속성을 갖는다. 상징이란 참고대상에의 유추를 통해 건축적 의미를 정의한다. 이것은 건축에서의 상징요소 혹은 상징적 표현이 한번 이상의 해석과정을 거쳐 형성됨을 의미한다. 그렇기 때문에 건축에서 표현되는 상징적 내용은 일정 부분 부가적 성격을 갖게 된다. 이 과정에서 상징과 장식 사이에 연관성이 형성된다. 부가성은 장식의 기본특성이기 때문이다. 물론 상징이 갖는 부가성은 장식의 그것과 다를 수밖에 없다. 장식의 부가성은 부분요소, 면요소, 변형요소의 세 가지 측면을 갖는다고 하였다. 상징은 장식처럼 부분적이지 않다. 상징은 건물 전체에 걸쳐서 일어나는 경우가 대부분이다. 건물 하나를 상징대상 하나에 통째로 대응시키는 것이 건축에서 상징작용의 기본방식이다. 상징은 또한 장식처럼 면요소로 표현되지도 않는다. 건물 전체에 걸쳐서 일어난다는 사실 자체가 이미 입체다움을 기본전제로 갖기 때문이다.

이처럼 상징과 장식은 많이 다르다. 상징의 부가성은 장식보다 약하다. 그럼에도 불구하고 상징과 장식 사이에 연관성을 유지시켜주는 요소가 있다. 변형이다. 특히 상징과 장식을 기하와의 관

그림 263
최승원, 신 병원, 경기도 안양시, 1997

계 속에서 해석하고 표현할 경우 더욱 그러하다. 상징은 참고대상과의 유사성과 건축적 축조성 사이에서 적절한 균형을 요구한다. 상징대상의 구상적 사물성을 기하추상으로 각색하는 기법은 이런 요구에 부합된다. 이때 기하형태를 어느 정도 변형시킬 것인가의 문제가 있다. 이 부분이 상징과 장식 사이의 연관성을 결정짓는 대목이다.

앞에서 살펴본 기하 상징주의의 예들은 기본 기하형태의 정형성을 일정 부분 유지하였다. 이것은 곧 추상성을 유지한 것이기도 하다. 변형은 건축적으로 필요한 경우로 한정되었다. 변형 자체를 위한 변형, 즉 단순한 조형적 목적을 위한 변형은 자제되었다. 앞의 예들에서 장식적 특성은 거의 나타나지 않았다. 이에 반해 변형의 정도가 어느 선을 넘어서면 건물은 장식적 특성을 갖게 된다. 기하의 변형성 자체가 장식적 속성을 구성하는 기준 가운데 하나이다. 이 때문에 기하를 변형적으로 사용하였다는 사실만으로 일정 부분 장식경향을 나타내게 된다. 여기에 장식적 목적을 위한 의도적 변형이 더해질 수 있다. 상징과 장식이 만나는 접점이다. 기하를 구사하는 데 있어서 상징을 유지시켜주는 추상성과 장식을 정의해주는 변형성 사이에서 적절한 균형점을 찾는 경우이다. 기하장식이되 순수장식이 아닌 상징장식이다. 신 병원은 이런 내용을 잘 보여주는 좋은 예에 해당된다.

신 병원은 매우 기하적이다. 여러 개의 원으로 구성되어 있다. 원으로만 구성되었다고 해도 과언이 아닐 정도이다. 원의 윤곽도 훼손되지 않고 잘 지켜지고 있다. 그러나 정형적으로 느껴지지는 않는다. 추상적이지 않다는 의미이다. 기본 기하형태가 갖는 근원적 순도나 여기에서 나오는 도형적 권위 같은 것이 느껴지지 않는다는 의미이기도 하다. 이보다는 귀엽다는 느낌이 더 강하다(그림 263). 재미있고 흥겨우며 친밀하다. 심각함보다는 감흥을 추구하고 있음을 알 수 있다. 장식적이다. 기하를 이용한 장식다움이다. 기하 장식주의의 한 예이다.

신 병원의 기하 장식주의는 무엇인가를 연상시킨다. 상징작용이 일어나고 있다는 의미이다. 장식이되 단순장식이 아닌 상징장식이다. 장식이되 단순 부가요소가 아니다. 상징을 위한 기본조건을 만족시키고 있다. 장식 모티브인 원은 건물 전체를 결정하고 있으며 입체로 작용한다. 건물 전체가 원으로 구성되어 있다. 실내공간에서의 불일치 문제가 있기는 하지만 적어도 외관만으로 볼 때 신 병원에서 원은 건물 자체와 동격이다. 부분요소로 부가되어 있지 않다. 또한 3차원 입체로 표현되고 있다. 정면과 측면 양면이 동일한 중요성을 가지며 함께 작용한다. 건물의 전체 이미지는 이같은 두 면의 상호작용으로부터 형성된다.

신 병원에서의 상징내용은 여성다움이다. 여성 전문병원이기 때문이다. 그러나 이것이 전부는 아니다. 신 병원에서 여성다움의 상징작용은 복층으로 작용한다. 여성은 다시 자연을 상징한다. 이것은 여성다움의 핵심을 생명생산이라는 가장 숭고한 자연현상으로 해석하고 있음을 의미한다. 여성다움은 곧 모태이고 모든 생명의 출발점이자 근원이다. 그렇기 때문에 따스하고 포근하다. 여성은 곧 자연이다. '자연은 인간을 품고 여성은 아이를 품는다.' 이처럼 신 병원에서의 상징작용은 여성다움을 중간매개로 자연을 지향한다.

신 병원의 상징성은 기하장식을 통해 표현된다. 원이라는 기하형태를 이용하되 이것을 장식적으로 처리했다는 의미이다. 장식처리의 기준은 변형이다. 원이 갖는 기하원형성을 변형시켰다는 의미이다. 원의 변형은 다양하게 시도되고 있다(그림 264, 265). 또렷한 반원에서 완만한 곡선에 이르기까지 원호의 곡률이 다양하다. 찌그러진 원에서 똑바른 원에 이르기까지 원의 원다운 모습이 다양하다. 원호 조각을 이용한 비정형 기하형태도 나타난다. 작은 원형 창에서 큰 반원에 이르기까지 원의 크기 또한 다양하다.

그림 264, 265
최승원, 신 병원, 경기도 안양시, 1997

그림 266, 267
최승원, 신 병원, 경기도 안양시, 1997

이같은 원의 변형은 일차적으로 장식성을 추구한다. 일단 보기가 좋다. 원의 조형성을 곡선 이미지로 번안해내어 곡선의 멋이 잘 표현되어 있다(그림 266). 편안하고 부드러우며 즐거운 모습이다. 장난감 같은 일상 속 친숙함을 느끼게 해주기도 한다. 색채사용을 두 색에 한정시켜 차분한 분위기를 주고 있긴 하지만 그러한 색 자체를 감흥성이 강한 벽돌색으로 정함으로써 장식적 분위기를 보강시켜준다. 반사유리 또한 그러하다. 원이나 곡선 형태로 구성되는 창에만 반사유리가 사용되고 있다. 이러한 재료사용은 원을 이용한 장식처리를 보강시켜준다.

원의 변형을 통해 표현된 장식은 다음 단계로 자연과 여성다움을 상징한다. 신 병원에서 원은 곡선으로 표현된다. 곡선은 자연의 선이다. 그러나 건물에 쓰인 곡선과 자연의 곡선이 같을 수는 없다. 신 병원에서 곡선은 기하를 통해 각색된 인간의 곡선이다. 이러한 인간의 곡선은 자연의 곡선을 상징한다. 따라서 신 병원의 곡선은 산도 되고 구름도 된다. 뒷산의 능선이기도 하다가 하늘을 떠가는 뭉게구름이기도 하다. 반드시 이같은 특정 자연을 지칭할 필요는 없다. 자연의 보편적 상태를 상징하기도 한다(그림 267). 어느 쪽이건 모두 자연을 상징한다.

그림 268
최승원, 신 병원, 경기도 안양시, 1997

곡선은 또한 여성의 선이기도 하다. 둔부도 좋고 젖가슴도 좋다. 둥글고 포근한 품안의 분위기일 수도 있다. 신 병원의 몽글몽글한 곡선 이미지는 이러한 여성다움을 상징한다. 혹은 어린아이의 모습을 연상시키기도 한다. 곡선은 새의 모습으로 번안되어 있기도 하다. 알을 품고 있는 새의 형상이다(그림 268). 모두 생명과 관련된 이미지이다. 곡선은 품고 낳으며 순환시키는 선이다. 새로움이 창조되는데 이것이 곧 생명이다. 자연의 상징 역시 궁극적으로는 생명의 상징을 지향한다. 자연이 위대하고 인간에게 의미가 있는 것은 생명창조의 비밀을 간직하고 있기 때문이다. 생명으로서의 자연은 여성다움이 지향하는 최종상태이기도 하다. 이 모든 것들은 하나로 작용한다. 건물에 상징장식을 만들어낸다. 장식이 곧 상징이다. 기하 장식주의는 장식 상징주의로 발전하고 있다. 변형은 귀여운 기하를 낳고 귀여운 기하는 장식이

되고 상징이 된다.

녹색 갤러리 : 곡면 위에 정사각형

녹색 갤러리 역시 귀여운 기하를 통해 장식을 추구한 좋은 예를 보여준다. 녹색 갤러리의 귀여운 기하 역시 곡선으로 구성된다. 부드러운 곡면이 건물 전체의 인상을 결정하고 있다. 이 점에서 신 병원과 일정한 유사점을 갖는다. 그러나 차이가 있다. 일단 건물모양이 너무 다르다. 곡선이라고 다 같은 곡선이 아니기 때문이다. 이런 차이는 기하에 대한 인식차이에서 비롯된다. 신 병원에서의 곡선 이미지는 원이라는 기하형태를 기본 모티브로 삼는다. 그렇기 때문에 기본 기하형태의 원형성이 남아 있다. 신 병원에서의 곡선은 원의 일부이거나 아니면 최소한 원을 늘어뜨려 만든 것이다.

이에 반해 녹색 갤러리의 곡선은 이같은 기본 기하형태와의 연관성을 갖지 않는다. 처음부터 곡선이었다. 굳이 참고대상을 찾자면 기하형태보다는 유기형태 쪽에 더 가까워 보인다(그림 269, 270). 이렇기 때문에 어떤 면에서는 3차원 곡면의 입체다움이 더 자연스럽게 느껴지기도 한다. 더 곡면답다는 의미이다. 원을 조작하고 각색하여 만들어낸 신 병원에서의 곡면은 이에 비하면 너무 인위적일 수 있다. 곡면이 곡면답지 못하고 단순 도형에 머문 것 같은 느낌이다. 녹색 갤러리의 곡면에는 이같은 부자연스러움이 덜하다. 원래 제 모습인 듯, 원래 그렇게 타고난 듯하다.

이처럼 녹색 갤러리는 처음부터 곡면으로 형성된 것으로 보인

그림 269, 270
윤주헌, 녹색 갤러리, 서울, 1992

다. 이때 곡면 자체를 기하로 볼 수 있다면 녹색 갤러리 역시 기하주의로 분류될 수 있다. 그리고 그 모습에 따라 녹색 갤러리의 기하도 귀여운 기하로 불릴 수 있다. 녹색 갤러리의 귀여운 기하는 장식성을 지향한다. 그러나 기하를 좁은 의미에서의 기본 기하형태로 한정한다면 곡면은 기하가 아니다. 녹색 갤러리는 기하주의 건물이 될 수 없다. 곡면은 잘해야 기하에서 파생된 조형어휘일 뿐이며 이것으로 구성되는 녹색 갤러리는 앞에서 살펴보았던 기하 파생주의 계열에 속하는 것으로 볼 수 있다.

어쨌든 녹색 갤러리는 여전히 기하주의 건물이다. 곡면을 기하로 보지 않더라도 녹색 갤러리는 기하주의 건물로 읽힌다. 그것도

그림 271
윤주헌, 녹색 갤러리, 우측면도,
서울, 1992

기하 파생주의가 아닌 기하 본류주의이다. 창 처리 때문이다. 녹색 갤러리에서 창은 정사각형을 기본 형태로 삼아 구성되어 있다. 정사각형은 세 종류로 변형처리되어 있다. 똑바른 정사각형, 정사각형을 기울인 마름모, 정사각형을 옆으로 길게 자른 직사각형이 그것이다(그림 271).

이때 변형의 정도가 심하지 않기 때문에 정사각형이 갖는 기본 기하형태로서의 정형성은 충분히 지켜지고 있다. 또한 창 하나에 정사각형 단위가 하나씩 배정되어 있기 때문에 정사각형의 기하적 특성이 확실하게 표현되고 있다. 정사각형은 다른 것들과 섞이지 않고 단독으로 존재할 때 정사각형다움을 가장 확실하게 보여주기 때문이다. 원을 다양하게 각색하였으면서도 기본 기하형태로서의 정형성을 유지한 신 병원의 경우와 같은 맥락이다. 녹색 갤러리에서 정사각형은 두 가지 기능을 한다.

한 가지는 기하주의를 정의해주는 기능이다. 녹색 갤러리에서 지켜지고 있는 정사각형의 정형성은 건물의 기하적 특성을 결정한다. 정사각형 창은 건물의 전면을 주도하고 있다. 다른 건축처리를 억제하고 있기 때문에 창이 보여주는 정사각형다움은 더욱 두드러진다. 곡면 매스는 정사각형 창을 담기 때문에 정사각형이라는 기하형태와 함께 작동한다. 곡면은 정사각형의 정형성을 나누어 갖는다. 혹은 정사각형으로부터 일정한 정형성을 전해받는 것으로 볼 수도 있다. 기하요소와 파생요소 사이에 머물던 곡면은 기하요소로 정의된다. 건물은 기하주의가 된다.

다른 한 가지는 장식주의를 정의해주는 기능이다. 녹색 갤러리에서 정사각형의 정형성은 엄격한 권위를 추구하지 않고 있다. 물론 이것은 정사각형의 기본특성 가운데 하나이기도 하다. 정사각형은 균제와 완결을 상징하기 때문에 정신적 가치의 권위를 상징하기도 한다. 그러나 정사각형에는 이와 반대되는 친숙함과 중립성의 이미지도 함께 존재한다. 균제란 곧 누구에게나 열려 있음을 의미하며 따라서 친숙하다. 또한 한쪽으로 치우치지 않음을 의미하며 따라서 중립적이다. 정사각형은 이처럼 양면적 특성을 갖는 기하형태이다. 현대건축에는 정사각형의 이러한 양면성 가운데 장식적 특성을 활용한 예들이

그림 272, 273
윤주헌, 녹색 갤러리, 서울, 1992

그림 274, 275
윤주헌, 녹색 갤러리, 서울, 1992

많이 있다. 정사각형은 현대건축에서 자주 차용되는 장식어휘이다.

녹색 갤러리에서의 정사각형 사용도 이러한 경향의 일환으로 이해될 수 있다. 녹색 갤러리에서 정사각형은 다양하게 응용되면서 장식적 특성을 발휘하고 있다. 정사각형이 반복되면서 박자감을 만들어준다(그림 272). 정사각형이 박자감을 형성하는 데는 정사각형의 크기가 중요하다. 너무 커도 안 되며 너무 작아도 안 된다. 너무 크면 권위적이 되고 너무 작으면 창이 뚫리는 바탕이 면으로 읽히게 만들기 때문이다. 녹색 갤러리의 정사각형은 이 사이에서 크기가 적절하게 지켜지고 있다. 정사각형은 또한 회전하고 기울어진다. 위아래로 조금씩 어긋나며 반복된다. 실제로는 다섯 개인데 매스가 꺾여 있기 때문에 눈에 보이기는 세 개로 보인다(그림 273). 마치 꼬리를 물고 통통거리며 산길을 오르는 꼬마 기차 같은 모습이다. 동요의 리듬 같은 친숙한 느낌이다. 반복되는 개수가 셋 혹은 다섯이라는 사실은 이러한 친숙함을 더해준다.

이처럼 녹색 갤러리에서는 정사각형의 장식적 특성을 활용한 처리가 시도되고 있다. 정사각형을 장식적으로 각색하겠다는 조형의도를 분명히 보여주고 있다. 정사각형의 기하적 의미를 변형을 통한 장식다움으로 정의하겠다는 조형관이다. 창을 담는 몸통 매스의 곡면도 정사각형의 이러한 장식다움에 동승하고 있다. 녹색 갤러리에서 곡면은 정사각형으로부터 기하다움의 기본조건을 넘겨받았다. 이 과정에서 정사각형의 장식다움도 함께 넘겨받고 있다.

혹은 곡면 자체가 장식적이다. 춤사위나 흥얼거림 같은 가무歌舞의 느낌을 내포하고 있기 때문이다. 이것이 정사각형의 장식다움과 자연스럽게 어울려 하나가 되면서 조형효과의 상승작용을 일으키고 있다. 곡면 매스는 건물 전체로 보면 작은 부분임에도 건물 전체를 대표하는 강한 인상을 형성하고 있다. 기하장식의 조형효과이다. 채색처리는 이런 인상을 돕는다. 파스텔톤의 노란색과 보라색은 건물을 일상 오브제로 느껴지게 만들어준다.

건물이 나타내는 분위기도 장식적 느낌이 주도하고 있다. 곡면과 정사각형이 어울리는 모습은 가벼운 흥겨움으로 느껴진다. 경쾌한 리듬감이나 밝은 활기 같은 유희적 느낌이다. 이런 느낌이 다분히 시각작용에 의존하고 있는 점에서 더욱 그러하다. 녹색 갤러리에서 곡면과 정사각형은 일단 심각한 상징적 의미를 갖지 않는 단순 시각 이미지로 작용하는 것으로 읽힌다. 이러한 시각 이미지는 강한 인상을 만들어낸다. 이를테면 '짤막한 표의문자' 같은 것이다. 그러나 이것에만 머물지는 않는다. 녹색 갤러리에서의 기하장식은 주변환경에 대한 건축적 입장의 표명이라는 다음 단계의 의미작용을 지향한다.

이러한 의미작용은 변형된 정사각형 창의 배당으로부터 시작된다. 세 종류로의 변형은 단순한 조형조작만은 아니다. 일련의 스토리를 구성한다. 육면체의 윤곽을 유지하는 건물 본체에는 반듯한 정사각형 창이 뚫려 있다. 곡면윤곽을 갖는 계단실에는 변형된 정사각형 창이 뚫려 있다. 창 세 개가 꼬리를 물고 반복되는 모티브이다(그림 274). 옥상부분에는 몸체와 계단실 모두 공통적으로 마름모 창이 뚫려 있다(그림 275). 이러한 배당은 일차적으로 건물의 기능에 따른 상징성을 갖는다. 본체에서는 중심부로서의 정형성이 요구되며 이것은 반듯한 정사각형에 의해 표현된다. 계단실에서는 수직이동의 운동감이 요구되며 이것은 통통거리며 산길을 오르는 기차 같은 창의 이미지에 의해 표현된다. 지붕은 모자와 같은 요소로서 강한 인지도와 상승감을 함께 요구한다. 이것은 마름모라는 자극적 시각요소로 표현된다.

기능에 따른 이같은 상징작용은 주변환경에 대한 건축적 대응작용으로 발전한다. 녹색 갤러리가 주변환경에 대해서 갖는 건축적 입장은 대립과 조화의 양립 가능성이다. 대립과 조화의 양립 가능성은 거시적 관점에서 보면 인류문명사 전체에 걸친 오랜 지적知的 과제이기도 했다. 미시적 관점에서는 현대문명의 부정적 상황, 특히 대도시의 환경상황을 극복할 수 있는 개념으로 제시되고 있다. 그리고 서울의 골목 속 일반 주거지역은 다시 그러한 환경상황의 대표적 예이다. 녹색 갤러리는 기하 장식주의를 통하여 이러한 환경상황을 극복할 수 있는 대안으로서의 대립과 조화의 양립 가능성을 시도하고 있다.

대립은 평범한 주변환경과 건물 스스로를 구별지으려는 조형의

지를 의미한다. 앞에서 살펴보았던 정체성의 표현 혹은 자기표현 욕구이다. 녹색 갤러리의 특이한 곡면 매스는 그저 그렇고 그런 지루한 건물들로 둘러싸인 주변환경 속에서 자신을 드러내 보이기 위한 목적을 갖는다. 정사각형 모티브 역시 마찬가지이다. 기하요소를 장식적으로 변형처리함으로써 시각적으로 두드러져 보이겠다는 의도이다. 본 적도 없고 특별한 명칭을 붙이기도 힘든 비정형 곡면 매스는 이러한 목적에 성공하고 있는 것으로 보인다.

서울의 평범한 골목 속 환경은 그 사이에 들어서는 건물에 어려운 과제를 한 가지씩 안긴다. 그러한 주변환경에 대해 스스로의 조형적 의미를 어떻게 정의할 것인가의 문제이다. 어울림의 입장은 명분상 우위를 갖는다. 남과 잘 어울리는 친화력이 미덕으로 여겨지는 사회적 불문율이 건축에도 반영된 결과이다. 혹은 좀더 논리적 근거도 있다. 현대문명의 발전 제일주의가 유발하는 맥락적 단절에 대한 치유의 개념이다. 이러한 어울림의 입장은 건물의 모습에서부터 주변과 닮은 강한 일체감을 요구한다.

이런 관점에서 보자면 녹색 갤러리의 자기표현은 바람직하지 않은 입장으로 볼 수 있다. 주변과 어울리지 못하고 독립적으로 자신의 존재를 튀어 보이게 하겠다는 개인주의를 주장하고 있기 때문이다. 건축가 자신도 그런 의도를 제시하고 있다. 주변환경에 대한 "소극적 순응의 자세를 지양하고 색다른 모티브 (…) 를 대입하여 변화되어가는 환경에 활기와 밝음을 부여하는 대립의 질서를 일으키고자" 하고 있다. 더욱이 이러한 개인주의가 기하를 통하여 시도되고 있다. 기하는 기본적으로 현실 초월성을 내포하기 때문에 기하를 통한 개인주의 역시 그러한 것으로 받아들여지게 된다. 현실 초월적 입장은 근대적 억압구도의 긴 터널을 지나

그림 276
윤주헌, 녹색 갤러리, 서울, 1992

온 한국 현대사회에서는 극복되어야 할 조형관이라는 인식이 널리 퍼져 있다. 현실 초월성은 지난 권위주의의 산물로 정의되어 있다. 확실히 1990년대 한국 현대건축의 최대 화두는 앞 시대의 부정적 권위주의를 극복하는 작업으로 정의되어 있다.

그러나 녹색 갤러리의 기하 개인주의는 이처럼 현실 초월적이지 않다. 기하의 특성을 조형적으로 정의한 어휘처리에서부터 그러하다. 앞에서 보았듯이 녹색 갤러리의 기하는 전혀 권위적이지 않다. 친숙하며 감흥적이다. 외관이 주변환경과 다르긴 하지만 주변을 제압하려는 의도는 느껴지지 않는다. 외관상의 유사함이 아닌 위압성이라는 새로운 관점에서 보면 녹색 갤러리는 주변의 눈높이에 자신을 맞추고 있다. 건축가의 우월감은 느껴지지 않는다. '주위에 군림' 하려 하지 않는다(그림 276).

이러한 기하어휘들이 상징하는 의미 또한 그러하다. 마름모의 기울어짐과 곡면의 비정형성은 주변환경의 불규칙한 다의성에 맞춘 조형처리로 이해된다. 세 개가 반복되며 리듬감을 만들어내는 계단실의 창 또한 그러하다. 기하가 형성하는 '짤막한 표의문자'는 일회성 표식에 머물지 않고 '다의로 음미' 되고 있다. 장식처리의 결과이다. 다의성은 현실을 특징짓는 대표적 개념 가운데 하나이다. 다의성의 추구는 현실과 어울리려는 조형관의 발로이다. 녹색 갤러리에서 기하 장식주의는 현실과의 조화를 최종 지향하고 있다.

찾아보기 | 건물명, 건축가명, 도시, 기능유형 종합 | ( ) 안은 그림번호

건물명

건축가명

도시

기능유형

그림목록

3부 1장 민경식 대 민경식 : 기하추상과 상징

3부 2장 노진석 대 김영섭 : 직유 대 환유

3부 3장 김정식 대 김기웅 : 은유 대 제유

4부 2장 **조건영, 김관석, 김개천 : 삼각형 프레임과 자기표현**

기하와 현실

초판인쇄 | 2002년 2월 1일
초판발행 | 2002년 2월 15일

지 은 이 | 임석재
펴 낸 이 | 김정순
펴 낸 곳 | (주)북하우스
출판등록 | 1997년 9월 23일 제1-2228호

주　　소 | 110-795 서울시 종로구 운니동 98-78 가든타워빌딩 802호
전자메일 | editor@bookhouse.co.kr
홈페이지 | www.bookhouse.co.kr
전화번호 | 741-4145~7
팩　　스 | 741-4149

ISBN 89-5605-003-1 04610
89-87871-57-6 (세트)